地域産業の「現場」を行く

誇りと希望と勇気の30話

第8集

「地方消滅」を超えて

関 満博
SEKI MITSUHIRO

新評論

地域産業の「現場」を行く

誇りと希望と勇気の30話

第8集「地方消滅」を超えて……本書に登場する地域

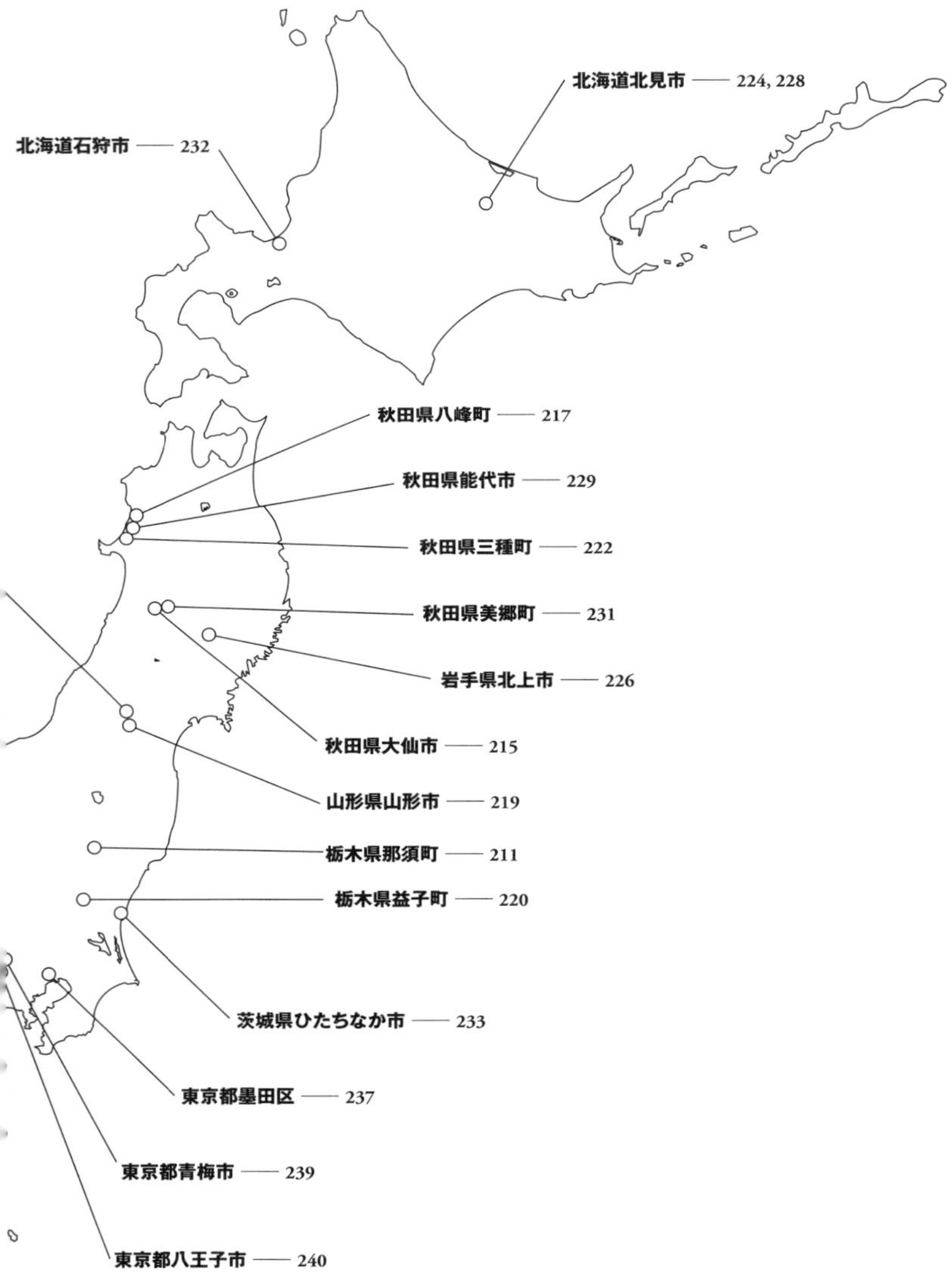

【注】数字は本書各話の番号を表す

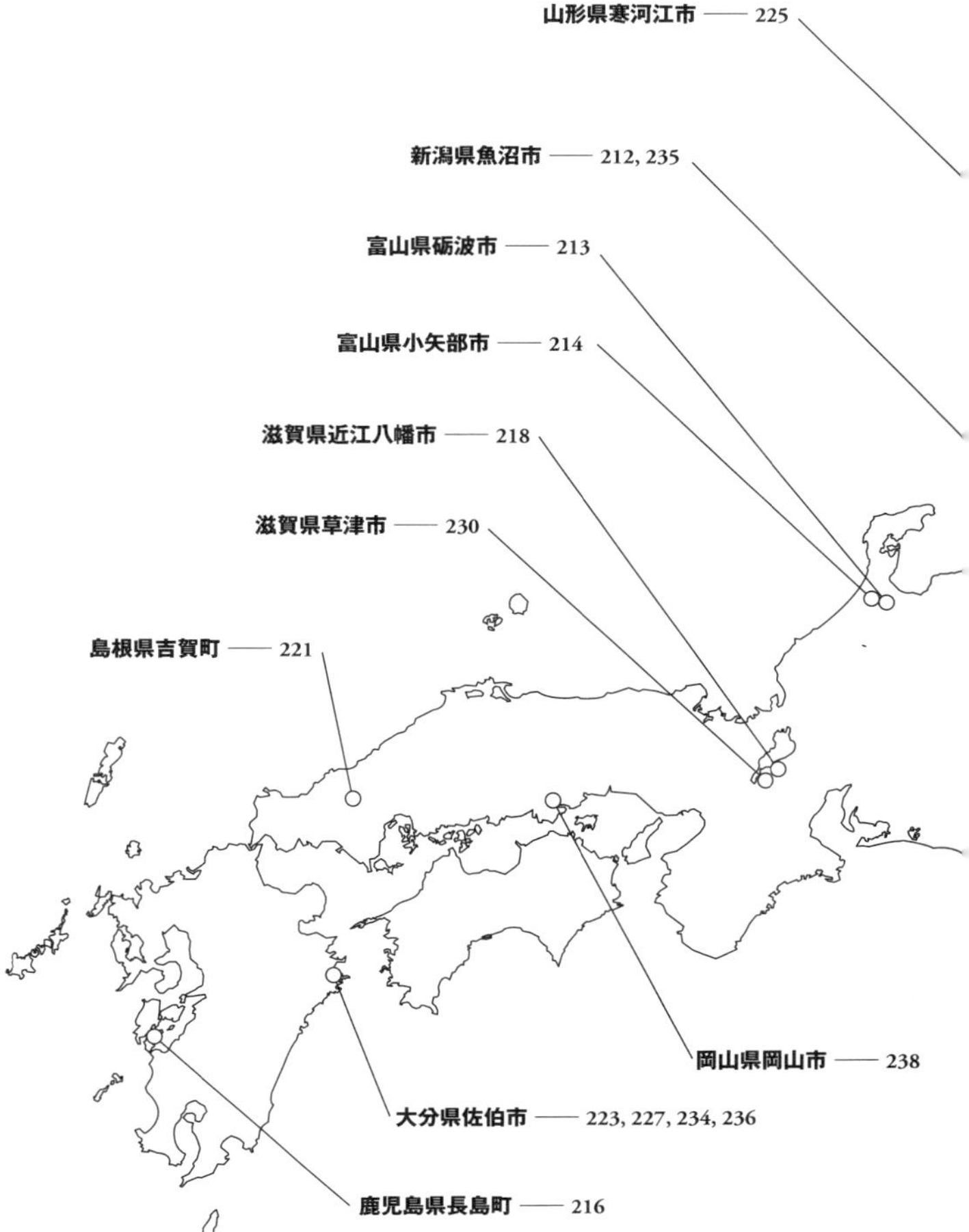

山形県寒河江市 —— 225
新潟県魚沼市 —— 212, 235
富山県砺波市 —— 213
富山県小矢部市 —— 214
滋賀県近江八幡市 —— 218
滋賀県草津市 —— 230
島根県吉賀町 —— 221
岡山県岡山市 —— 238
大分県佐伯市 —— 223, 227, 234, 236
鹿児島県長島町 —— 216

本書のキーワード一覧

地方創生?　　地方消滅?

食産業　　モノづくり産業の新境地

中山間地域　　六次産業化

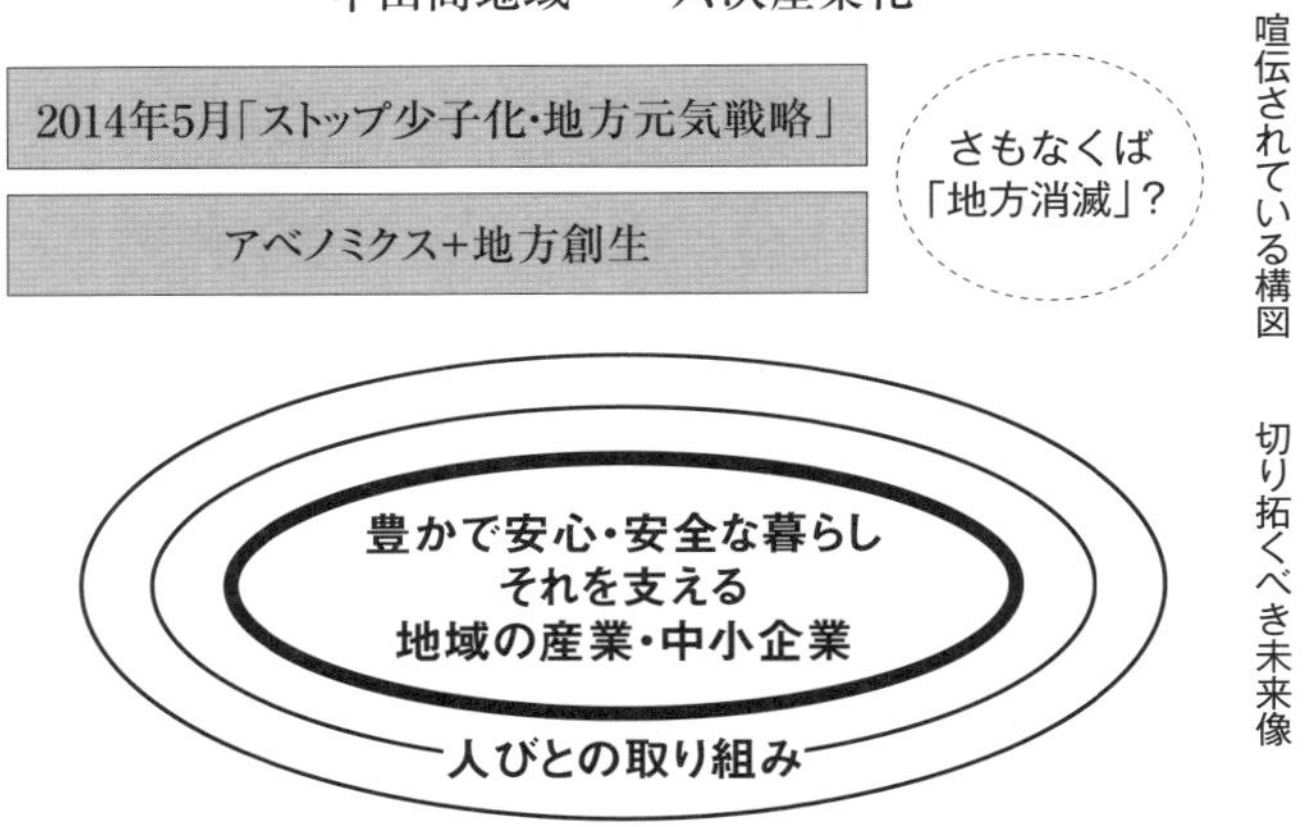

Ⅰ　「食」産業の新たな展開

地元産チーズのブランド化　缶詰から介護食・非常食へ　請負耕作＋加工
歴史ある製粉・製麺業を発展　種麹で世界最先端に　ブリ養殖@離島
廃校舎で白神アワビを養殖　近江和洋菓子の挑戦　山形のラスク工房

Ⅱ　中山間地域の新たな取り組み

独自の手法で無農薬野菜を供給　水稲＋じゅんさいの複合経営
炭焼き＋養豚＋花卉＋トマト　精密農業による新時代のフードシステム
糸からこだわる世界的ニットメーカー　オーダーメイドのカシミヤ製品@北上
石窯焼きパン@山間地　牛の尿から消臭剤

Ⅲ　モノづくり中小企業の向かうところ

木材スライサーのオンリーワン　繊維機械から高機能フィルム機械に転換
ガラス研磨から次世代半導体基板研磨へ　自動車関連企業の進出で飛躍
産学連携で世界を驚かせる製品開発を　地元の需要に徹底対応する精密鈑金・機械加工
痛くない注射針を量産　一社依存を脱する展開力　下町の町工場の心意気
国内を維持しつつ果敢に海外進出する金型企業
「中間のまとめ屋」の存在感　電子組立から装置物への劇的転換

序　「地方消滅」論の衝撃を受けて

民間の地方創成会議が提出した二〇一四年五月の「ストップ少子化・地方元気戦略」の問題提起、八月末にその会議の座長であった増田寛也元総務相の編著の形で出版された『地方消滅』（中公新書）は、人口減少、高齢化に悩む「地方」ばかりでなく、全国に大きな衝撃を与えた。「アベノミクスと地方創生」、それと「**地方消滅**」が同時並行的に喧伝され、地方の少なからぬ「現場」は打ちのめされた気分になっている。地方の多くはすでに一九八〇年代中盤の頃から人口減少、高齢化が目立ち始め、特に二〇〇〇年代に入ってからその現象は加速化していた。近年は五年で一〇％前後の人口減少率を示している地域も少なくない。「地方消滅」論はそのような人口減少の行く末を深く痛感させるものであった。

一九九〇年前後のバブル経済を最後の頂点に、その後の四半世紀、経済の構造的な縮小が予感され、二〇〇〇年代に入ってからは、その打開は容易なものではないことが、特に地方では痛感されていた。例えば、人口減少、高齢化の先端にある離島の場合、明治以降の近代化の中で、渡船は人力から動力に変わり、その後、フェリーが通じ、高速船が就航するなど、輸送能力が高まり、渡航時間は劇的に短縮されてきた。私たちは経済発展の成果を享受することができていたのであった。

だが、バブル経済崩壊以降、乗船する人びとは減少し、運行する船会社の経営が次第に傾いていく。その後、減便が始まり、人びとに親しまれていたフェリーが周辺諸国に売却されていく。「新たな時代は、前の時代よりも確実に豊かで便利になる」と信じきっていた人びとは、意外な思いをすることになる。そのような状況が、アベノミクスのようなマクロな金融・財政政策によって、数年先に打開できるとは考えにくい。私たちは、離島、半島や中山間地域といった国土の「周辺的な部分」の現状から、一つ前の時代に比べて「**縮小する時代**」を深く認識させられているのである。

むしろ、私たちは人口減少、高齢化を歴史的な流れとして受け止め、それを和らげながら、**それでも「豊か」で「安心、安全」が実感できるあり方**を模索していくことが求められているように思う。それは、従来型の「経済成長至上主義」とは異なった道なのであろう。二〇一四年夏の「地方消滅」論の登場はそのようなことを深く認識させるものであった。

また、二〇一四年に入ってから円安が急速に進み、一部の輸出型大企業は空前の好業績に沸いているが、縮小する地方の人びとにとってそれは全く別世界のように映っている。中山間地域では、身近な商店街で最後に残った食料品店が閉鎖され、クルマの運転ができない高齢者は食料調達にも事欠いている。都会の生活やＴＶ・ネットに映し出される喧騒と、地方の差し迫った状況が混在している。私たちは、まさにこのような時代に生きているのである。

バブル経済崩壊から四半世紀、この間、アジア及び中国の躍進、そして国内における急角度な高齢化、地方における人口の激減など、日本をめぐる基礎的条件は大きく変わってきたが、地方では雌伏の四半世紀の中で多くの興味深い取り組みが重ねられている。大幅な後退を余儀なくされたモノづくり産業ばかりでなく、戦後高度経済成長期の中で後景に置かれていた中山間地域や農林水産業関連においても、ここに来て興味深い新たな動きが始まっている。「地方消滅」が喧伝された二〇一四年は、「モノづくり中小企業」においても、また「食産業」においても、「中山間地域」においても、新たなうねりが感じられる時期でもあった。

特に、近年「食産業」という言い方が地方の現場で使われていることが目を惹く。少し前までは、農林水産業、食品加工業といった言い方が普通であったのだが、「食」をトータルにとらえ、新たな角度から光を当てようとしているかのようにみえる。振り返るまでもなく、日本の仕組みでは、素材生産に関わる農林水産業は農林水産省の管轄、食品の加工に関する領域は経済産業省の管轄であり、それらは別の世界を形成していた。

農林水産業者が食品加工に携わることは少なく、また、加工業のサイドが素材生産に向かうことは少なかった。このような事情の中で、近年、それぞれの領域で高品質化、高付加価値化への関心が深まり、「六次産業化」という概念も定着してきたことが象徴的であろう。このあたりは、特に、冷蔵・冷凍技術、物流・通信技術の飛躍的発展という供給サイドの技術革新と、他方での成熟社会の形成、少子高齢化の進展が折り重なり、新たな可能性を切り開きつつあることが指摘される。

かつて、昭和四〇年代中頃以降、基礎消費財の時代から選択的消費の時代への転換期に生じた生産・流通革命は衣料品から始まり、今では食料品にも及んできているようにもみえる。少し前まで、衣料品の大半は基礎消費に対応する実用品主体であったのだが、高度経済成長期を通じて豊かになった人びとは、自分だけのもの、差別化された衣料品を求め（選択的消費）、それに対応して、日本の衣料品の生産・流通構造は、新たなファッション産業として再編されていった。まさに、そのような変革が「食産業」の世界でも生じ始めているようにみえる。「食」をめぐる新たな時代が到来しつつあるのだろう。地方の「現場」でもそのことが痛感され、新たな取り組みが開始されているのである。

こうした現象は、当然、農林水産業を基礎にしている中山間地域にも及び、新たな取り組みが開始されている。大規模稲作農家が野菜や果実の生産から加工の世界にまで踏み出すケースが増えてきた。その際、高付加価値化という点に加え、近代経営として通年の事業化を意識している点も指摘される。また、無農薬栽培に新たな価値を見出し、独自な取り組みを開始する農家も登場してきた。かつて生産力拡大を視野に大量の化学肥料、農薬を投入してきた時代とは異なり、むしろ、無農薬栽培が新たな価値を生み出しているのである。こうしたことも、成熟社会による価値観の変化を象徴している。本書の第Ⅱ部で採り上げるケースの中にはさらに、転作の方向を高級和食食材の「じゅんさい」に求め、地域のブランド品として定着させることに成功したものもある。和食が世界的に注目されている現在、差別化された高級食材・食品の生産は新たな可能性を拓いていくことが期待される。

この「食」をめぐる新たな時代の到来の一方で、戦後の日本経済をリードしてきたモノづくり産業はこの四半世紀、大きな転換を余儀なくされてきた。量の出るものの大半はアジア、中国に移管され、退出していった中小企業も少なくない。そのような中で、必死に試行錯誤を重ね、ようやく次の時代への可能性を見出す中小企業も登場してきた。その多くはかつての特定企業に依存する形から、独自性の強い差別化された内容になっていることで共通する。

それは、世界に類のない素材、製品、加工技術、サービスを提供するというものであろう。発注先の要請に、指定された素材と加工技術で応えるという、これまでのあり方とは決定的に異なる。独自の素材を開発し、独自の設計、加工技術で応え、ユーザーの期待を上回る感動を与えるようなモノづくりであることを意味する。四半世紀の試練の時を超えて、このような領域を切り拓いたモノづくり中小企業が全国各地に登場し始めている。それは、日本のモノづくり産業の再始動を意味しよう。先の「食産業」における新たなうねりと同様に、モノづくり産業においても新しい動向がみえ始めているのである。

本シリーズの第8集となる本書では、このような新たな時代の到来と、それに果敢に取り組んできた地域の産業・中小企業に注目し、大きく三つの領域を扱っていくことにする。第一に『食産業』の新たな展開」、第二に「中山間地域の新たな取り組み」、そして第三に「モノづくり中小企業の向かうところ」である。

「地方消滅」論は人びとに大きな衝撃を与えたが、人口減少、高齢化はさらに進むであろう。しかし他方で、その新たな基礎的条件の下で、私たちは「豊かで安心、安全」な地域社会を形成していくための取り組みを重ねていかなくてはならない。とりわけ、地域社会を安定させていくためには「地域産業」のあり方が重要性を帯びてくる。二〇一四年は、そのようなことを痛感させる年であった。本書では、その新たな「兆し」というべきものを、地域産業の「現場」から報告していくことにする。

地域産業の「現場」を行く——第8集／目次

Ⅲ　モノづくり中小企業の向かうところ

（各話冒頭「逆風突破の鍵」題字＝筆者）

I 「食」産業の新たな展開

富山県小矢部市で180年の歴史を重ねる「沼田製粉」。今では手延べ麺の工程は機械化されている。

はじめに

近年、地方の地域産業振興の現場では「農林水産業」「食品加工業」に加え、「食産業」という言い方が目立つようになってきた。それは、「食」をめぐって新たな可能性の拡がりが期待されているからにほかならない。

この「食産業」には、農林水産業といった素材生産・調達の現場、素材を加工していく領域、新たな販売の方向、さらに、それを楽しむ場などが含まれている。少し前まで機械・電子産業をベースにする加工貿易型産業構造を形成していたわが国では、「農工間格差」などといわれ、特に農林水産の現場は生産性の低いものとして扱われていた。このことが、高度経済成長の時代に、農山村から都市の工業地帯への労働力の大量移動を促したことも記憶に新しい。

また、食料品加工、特に原材料産地の地方において、この領域は加工度が低く、加工の技術的なレベルにも課題が多く、あまり光が当てられることもなかった。少し前までは、自動車、電気・電子、半導体などといった世界的に競争力のあった産業群が主役であり、日本の産業構造全体の中で「食産業」は後景に退いていたようにみえる。

ただし、一九九〇年代の中頃から、事情が大きく変っていく。戦後の数十年をリードした加工組立産業はアジア、中国との競争に疲弊し、量産部門の大半を失い、一気に海外移管が進んでいった。国内に残るのは、次世代型の素材、新エネルギー、航空・宇宙、医療機器・医薬品などではないかといわれている。そのような新たに期待される産業群の場合、雇用吸収力、また、人材供給の側面に多くの課題を残しているようにもみえる。科学技術立国の次の課題を乗り越えていくことは容易ではない。

この点、「食産業」については、今後に期待される点は少なくない。水稲に異常に傾斜した兼業農業からの飛躍、外洋材に依存しすぎた林業の変革、水産業における技術革新（養殖など）などを通じた新たな「食産業」のあり方がみえ始めてきた。また、加工部門においても、特に冷蔵・冷凍、物流・通信等といった領域の技術革新が、新たな意味を帯び始めている。それは国内ばかりでなく、日本の「食産業」が世界性を帯び始めてきていることを意味しよう。和食、寿司への世界的な関心が、この領域の可能性を暗示している。この二〇一〇年代は、日本の「食産業」が新たな意味を帯び、各地で興味深い取り組みを開始した時代として記憶されていくことが予感される。

特に、この第8集における「食産業」については、一つは、地方の農林畜産産地で取り組まれている地産地消・外消に注目し、二つに、新たな役割を担いつつある伝統的な食関連産業の現在、三つに、先端的な水産業の取り組みのケースに注目していく。そして、これらの多くは日本の「地方圏」の取り組みであることも注目されよう。「地方消滅」と喧伝されながらも、具体的な地域産業、中小企業の「現場」では次の時代に向けた興味深い取り組みが重ねられているのである。

第211話

栃木県那須町

チーズのブランド化に向かう
――地元の一六人が集まる「那須ナチュラルチーズ研究会」

逆風突破の鍵
KEY to BREAKTHROUGH

開拓農家の世代も代わり、新製品開発に向かう

❶ 北海道や北東北、北関東には、開拓地帯が広くみられる。栃木県那須高原のあたりは、明治時代から大規模な開拓が始められ、さらに戦後も開拓が推進されていった。そして、関東地方では珍しい大規模な酪農地帯が形成されている。開拓第一世代は土地の開墾に終始していたが、開拓第二世代の現在では、環境も落ち着き、若者たちによる新たな取り組みもみられ始めている。

❷ 北海道に次ぐ酪農地帯となってきた那須町周辺、生乳を生産していたのだが、世代が代わり、新たに「チーズ」生産に向かおうとする動きが高まってきた。既にチーズを自家生産する酪農家が登場、この人びとを中心にチーズ研究会が組織され、新たな取り組みを開始している。

❸ この動きのキッカケになったのは、他地域から婿入りしてきた若者の存在であった。当初からチーズ生産を目指しており、ドイツ、北海道にも研修に行っていた。研究熱心に次々と新たな取り組みを重ね「日本のトップ」を狙い、「世界に出せるチーズ」を目指していた。そして、彼の周辺には新たな世代の酪農家たちが集っているのであった。

栃木県は北海道に次ぐ酪農地帯であり、特に県北の那須塩原市、那須町、大田原市のあたりには大きな牧場が拡がっている。首都圏に向けた乳製品の供給地ということになる。元々、このあたりは那須火山帯による火山灰土地域であり、明治時代から開拓が進められ、戦後まで続いた。特に、那須町のあたりには戦後の開拓による入植者が少なくない。

この那須町を中心に那須塩原市、大田原市にかけての酪農関係者が集まり、ナチュラルチーズによる地域のブランド化を目指した取り組みを重ねていた。

一六人の酪農関係者が集まり、ブランド化を目指す

研究会の結成は二〇一二年九月、㈲那須高原今牧場《いまぼくじょう》（那須町）の高橋雄幸氏（一九七九年生まれ）が、チーズ工房をスタートさせたことから始まる。このエリアで最初にチーズ生産を開始したのは「あまたにチーズ工房（那須町）」の天谷英雄氏、二〇〇四年の頃であった。さらに、あまたにチーズ工房のチーズを利用して、摩庭《まにわ》正氏（一九五六年生まれ）のチーズケーキ工房ＭＡＮＩＷＡ ＦＡＲＭ（那須町）が二〇〇八年からチーズケーキの製造販売に入っていた。このような事情に加え、新たな若いチーズ工房が生まれたことから、那須ナチュラルチーズ研究会を立ち上げていくことになる。地域ブランド化、技術の向上、販路の開拓等がイメージされた。

その後、研究会のメンバーは増え、二〇一四年三月現在、一五人になっていた。酪農家九人、チー

（左）高橋雄幸氏（左）と摩庭正氏　（右）チーズケーキ工房 MANIWA FARM

ズ生産者三人、県、酪農とちぎ等の関係者が集まっている。四月には新たに酪農家が一人加わってきた。近年の六次産業化の動きが、新たな産業化、乳製品の高付加価値化を意識させていた。また、二〇一一年三月の福島第一原発の爆発事故以降の風評被害が栃木県北にも及び、地域でまとまる必要性を痛感しているようであった。「みんなでチーズの技術を学びたい。販路もいっしょに開拓したい」としていた。

自然放牧とチーズケーキの製造販売（チーズケーキ工房MANIWA FARM）

摩庭氏の先祖は隣の群馬県であり、軍人であった母の叔父が、戦後直ぐに那須町に入植している。だが、その叔父は一九五一年、牧場で雷に打たれて亡くなる。そのため、翌一九五二年、母夫妻が後を継いで入植していった。その頃の面積は約五ヘクタールであった。

摩庭氏は農業大学校に二年通い、二〇歳で牧場に入っている。その頃は飼料（ビール滓）を購入してホルスタイン五〇頭ほどを飼養していた。五ヘクタールの土地は荒れ放題であった。当時は牛を牛舎で飼っていた。その後、牛の糞尿の問題が大きくなり、その処理のために荒れ地に牧草を植え始めた。次第に草地が増え、乳牛を放牧するようになっていく。飼養頭数は約五〇頭、約四〇頭が経産牛であった。これらを牛舎の隣に展開する二・五ヘクタールの牧草地で、六月から一〇月にかけて完全放牧している。牛は牛舎には四~五時間ほどしか入ってこない。二〇一四年三月の初めに訪れたが、雪の残るこの時期も、昼間は放牧されていた。搾乳は一日二回、一日平均二四リットルを搾っていた。牛舎飼いしている場合は三〇リットルほどが多いのだが、摩庭氏のところでは自然放牧に近く、牧草を自由に食べ、ストレスを与えないようにしていた。

現在、面積も拡大し、自前地七ヘクタール、借地六~七ヘクタールに達し、うち一二ヘクタールを飼料作物の栽培にあてていた。飼料自給率はかなり高い。従業者は摩庭氏、夫人の令子さん、子息の洋介氏（一九八三年生まれ）の三人に加え、従業員一人を雇用していた。このような牧場経営の一方で、二〇〇八年、加工施設と店舗（ケーキ販売、喫茶）を建設、「チーズケーキ工房ＭＡＮＩＷＡＦＡＲＭ」をオープンさせている。摩庭氏は牧場と店の両方、夫人は店、子息は牧場の世話にあたっていた。

摩庭氏の生乳は、地域の専門農協「らく農栃木組合」が集荷に来る。栃木県にはこのような酪農関係の専門農協が五カ所ある。この農協への委託販売に加え、一部を自家用のソフトクリーム材料として残し、さらに、二〇〇六年からはチーズ研究会メンバーのあまたにチーズ工房に直に納めている。そして、このチーズを使った摩庭夫人の作るケーキの評判が良く、チーズケーキ工房につながっていった。現在では、あまたにチーズ工房からは摩庭牧場の生乳がフレッシュチーズとなってチーズケーキ工房MANIWA FARMに戻ってくることになる。

開店して六年、木曜日を定休日にしているが、これまで開店している日でお客が〇人の日がなかった。東京、千葉、埼玉などの南関東から新潟、福島、宮城からも訪ねてきていた。摩庭氏は、今後も「放牧を中心とした飼養管理を行い、乳牛にできるだけストレスをかけず高品質の牛乳を生産し、これを利用したチーズやチーズケーキの販売に取り組んでいく」構えであった。

牧場経営とチーズ工房の一貫生産（那須高原今牧場チーズ工房）

現在、全国にチーズ工房は約二〇〇、半分は北海道にあるとされている。那須ナチュラルチーズ研究会メンバーでチーズを自家生産しているところは三件、製造委託に出しているところが二件であった。その自家生産の三件の一つである那須高原今牧場の初代は満州開拓団の一つであった北桜義勇団開拓出身であり、戦後に引き揚げ、一九四七年、その一一人の仲間と共に那須町大同地区に入植したことから始まる。現在の経営者は二代目の今耕一氏。経営規模は飼料畑一六ヘクタール、飼養頭数は、成牛（乳牛）一七六頭、育成牛九五頭、和牛繁殖牛三〇頭、肥育牛八頭、山羊一七頭であり、従業者は今夫妻、次女夫妻に加え、アルバイト、研修生など六人の全体で一〇人の規模であった。酪農と和牛生産・肥育に従事していた。

高橋雄幸氏は今家の次女高橋ゆかりさんの連れ合いであった。高橋氏は新潟県村上市の出身、胎内市（旧黒川村）の職員として勤めていた。担当が特産品づくりであり、ジャージー牛によるチーズ製品の開発に七年ほど従事し、ドイツの研修にも行っていた。その間、短期（三週間）の北海道研修（帯広）があり、そこでゆかりさんと出会う。二〇一〇年に結婚し、二〇一一年には市役所を退職、今牧場に入ってきた。

二〇一二年一月にはチーズ工房を完成させ、四月にはオープンの運びとなった。自家製生乳を使用している。チーズ生産は奥行きが深く、日々研鑽していた。「日本のトップを狙う。世界に出せるようにしたい」と語っていた。二〇一三年九月から三カ月間限定で、ＪＡＬの国際線ファーストクラスに提供（山羊のチーズ）されていた。牛乳の状態は毎日違う。フレッシュチーズの場合は、朝の五時に搾乳し、その日の昼には出来上がる。鮮度の良さは一貫生産の強みであろう。熟成チーズの場合は、かなり難しく、今後のテーマであった。夫人と二人でチーズ生産に励んでいた。両親とアルバイト、研修生等は牧場に従事し、高橋夫妻がチーズ生産、さらに山羊の飼養、搾乳を行っていた。

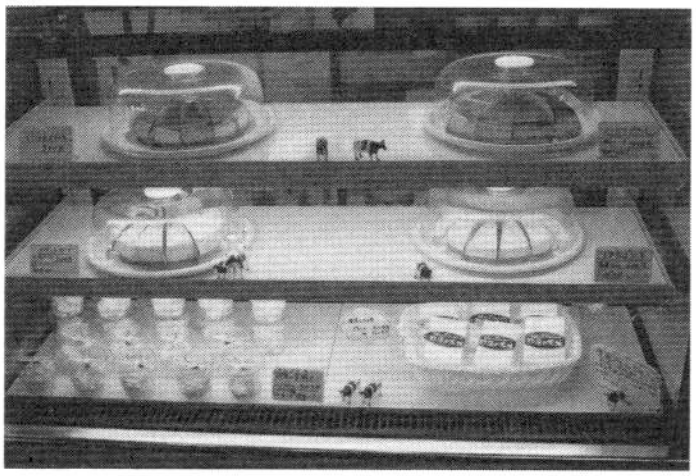
チーズケーキ工房のチーズケーキ

販売先は、直売に加え、道の駅、ホテル、レストラン、チーズ専門店、インターネット販売等であり、高橋氏は「毎日がバタバタ」と言いながら

今牧場の山羊の飼養

も、確実に市場は拡がっていた。

魅力的な環境での取り組み

このように、戦後の開拓によって切り拓かれた那須の大地の酪農地帯で、世代も代わり、次のテーマとしてチーズを焦点とした新たな取り組みが開始されていた。そこには酪農家、チーズ生産者、さらに関連する多くの人びとが集まり、技術の向上、販路の開拓、地域ブランド化が意識され、新たなうねりを形成していた。日本の牧場もこの二〇年ほどの間に落ち着いたものになり、環境整備が整い飛躍的に魅力的な空間になっている。次のテーマは付加価値の高い乳製品の開発であり、その品質を高めていくことであろう。

那須の酪農地帯で、魅力的な取り組みが重ねられているのであった。

【より深くとらえるための本】

関満博『「農」と「食」のフロンティア』学芸出版社、二〇一一年

関満博・及川孝信編『地域ブランドと産業振興』新評論、二〇〇六年

関満博・遠山浩編『「食」の地域ブランド戦略』新評論、二〇〇七年

関満博・松永桂子編『農商工連携の地域ブランド戦略』二〇〇九年

第212話

新潟県魚沼市（旧堀之内町）

地元有志による食品加工企業の展開
――缶詰から介護食、非常食に向かう「ホリカフーズ」

逆風突破の鍵

KEY to BREAKTHROUGH

「食」の危機管理に向かう

❶ 戦前から戦後の初期の頃まで、各地で地域の若者たちに「職場」提供するものとして、地元の有力者たちによって「事業」が起こされることが少なくなかった。新潟県魚沼地方、「コシヒカリ」の産地として知られているが、豪雪地帯でもあり、戦前、戦後は「出稼ぎ地帯」でもあった。そのような中で、地元有力者たちによって、畜肉の「缶詰」生産が開始された。

❷ 戦後は早い時期から「濃厚流動食」の世界に入り、さらに、二〇〇四年の中越地震により被災し、以来、非常食・災害食の世界に踏み出していった。自社製品に加え、ＯＥＭ生産にも意欲的に取り組み、この世界ではリーディング企業となっている。従業員は約二四〇人、売上額規模は約五〇億円の地域を代表する企業となっているのである。

❸ 缶詰から出発し、治療食、介護食、非常食と重ね、今後の人口減少、高齢化、そして、災害大国である日本の置かれている状況を受け止め、「食」の危機管理という新たな領域を切り拓いていくことを深く意識しているのであった。

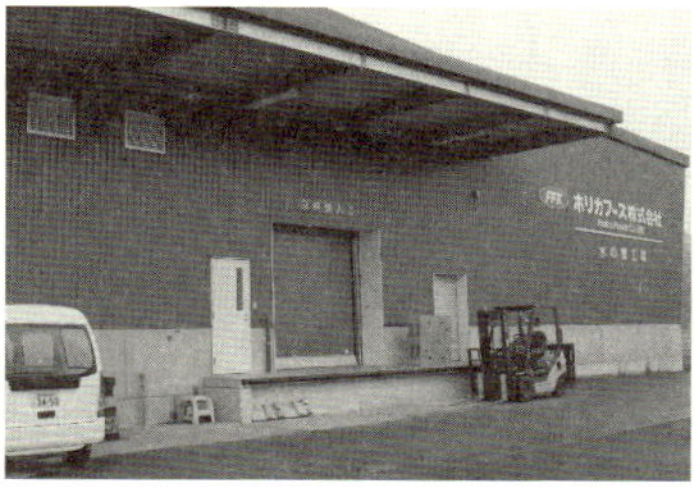

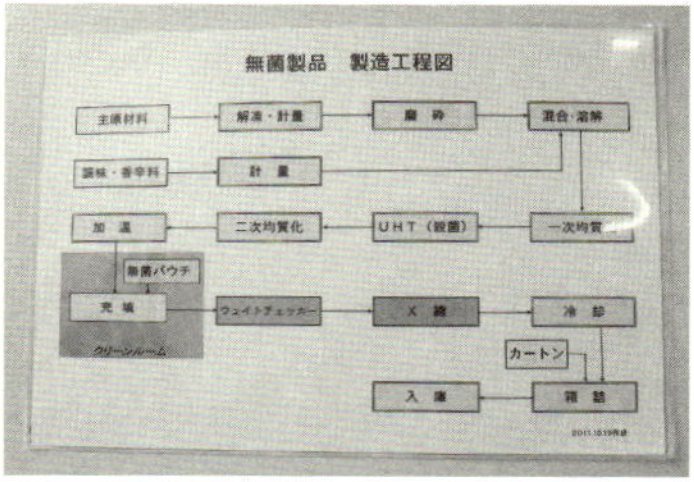

（左）ホリカフーズの水の郷工場　（右）無菌製品の製造工程図

豪雪地帯で知られる新潟県魚沼地方、現在は上越新幹線が通り、JR浦佐駅から数十分の距離となった。戦前期のこの地域では雇用の場がなく、地元有志によって産業を起こし、雇用の場の創出を意識して一九三六（昭和一一）年、堀之内食料品加工組合を設立していった。畜肉の缶詰を生産するものであった。戦前から戦後の一時期までは、このような形で地方に新たな事業を起こすことは少なくなかった。

戦時中は陸軍の指定工場となり、戦後は新潟県経済連の堀之内工場となった。ただし、不採算が続き、清算されることになり、改めて地元有志に出資を募り、一九五五年一月、資本金四〇〇万円により堀之内缶詰㈱として再出発している。当初は有力食品会社向けの缶詰のOEM生産に従事していた。また、この工場は地元では通称「ホリカン」として親しまれてきた。一九九八年には現社名の「ホリカフーズ」に変更している。

畜肉缶詰から出発し、非常食、治療食・介護食等に展開

一九六一年にはハム・ソーセージの缶詰生産を開始、一九六一年には防衛庁の戦闘糧食に採用され、それは現在まで五〇年以上も継続されている。

低タンパク米の生産ライン

一九七二年には、大学病院からの依頼で日本初の「濃厚流動食」の生産に踏み出し、口から食べる病院用、介護用として発展、最近では腎臓疾患患者用の「低タンパク質調整食品」の領域にも踏み込んでいる。

このような歩みから、現在の主力商品領域は大きく三つであった。治療・介護用食品（約五五％）、食肉関連部門（缶詰）（三〇％弱）、災害用食品（レスキューフーズ）（一五％）となっている。缶詰から次第にレトルト食品に比重が移っているようであった。さらに、二〇〇四年一〇月二三日の中越地震で被災し、以来、非常食・災害食の開発・製造にも意欲的に取り組んでいる。

この間、一九七〇年、魚沼市堀之内（旧堀之内町）に本社工場（第一工場）、一九七四年に同じ堀之内に第二工場、さらに、二〇一一年には魚沼

水の郷工場の製品群

市が造成した「水の郷工業団地」に約一ヘクタールの用地を求め、水の郷工場を建設している。第一工場はハム・ソーセージ等の食肉加工品、調理食品などの缶詰・レトルト食品及びフローズン食品の製造、第二工場はコンビーフ、牛肉の大和煮、野菜煮、鶏肉などの缶詰、レトルト食品、無菌包装米（パックごはん）など、そして、水の郷工場は第一工場から移管されたたんぱく調整米と無菌充填による治療食・介護食品の製造となっていた。第一工場は冷凍品中心、水の郷工場は常温主体とされていた。

主たる販売先は、明治屋、三井物産、川商フーズ（野崎産業）、そして、全国病院用食材卸売協同組合であり、ホリカフーズはその加入企業でもあった。現在、原材料の多くは輸入品主体になっているが、病院用は国産にこだわっている。畜肉は牛、豚、馬を三井物産、川商フーズ等を通じて調達していた。牛はオセアニア、豚はメキシコ、デンマーク、スペイン、馬はアルゼンチン、オーストラリア、メキシコ、カナダなどから入れていた。これだけの事業で売上額は約五〇億円、従業員は約二四〇人を数えていた。また、この他にグループ企業として、新潟市に一九八一年に設立されたデビフペット㈱がある。ペットフードのメーカーであり、従業員一二〇～一三〇人、売上額は約四〇億円を計上していた。

以上のように、ホリカフーズは地元に雇用を創出することを目的にスタートし、当初は畜肉の缶詰、そして、その後は治療食・介護食、非常食、ペットフードなどの領域に拡大しているのであった。

多様な製品群を展開

一九七二年に流動食に参入してから約四〇年、かつての主力であった缶詰は大きく縮小している。例えば、かつては明治屋ブランドの缶詰セット（出荷価格二五〇〇円）は年間一〇〇万セット（約二五億円）も売れたものだが、現在ではほぼ消滅している。ホリカフーズは「クール宅急便の普及、産直の増加が進み、缶詰のギフトとしての必要性がなくなった」と受け止めていた。そのため、先のグループ企業のデビフペットは以前はギフト缶詰の工場であったのだが、ペットフードに転換していた。また、近年ペットブームだが、小型犬が主流になり、消費量は相対的に低下している。食品の世界も時代により大きく変化しているようであった。さらに二〇一一年の東日本大震災後は備蓄用缶詰の見直しがあったのだが、直ぐに鎮静化していった。

このような事情の中で、ホリカフーズは「食の危機管理」を強く意識し、高齢化に伴う介護関連、そして、自然災害に対する非常食関連に新たな可能性を見出そうとしている。特に、新設の水の郷工場は、低タンパク米ライン、無菌製品ラインの二つのラインから構成されている。低タンパク米ラインは食事療法によってタンパク質を制限されている患者向けであり、無菌製品ライン（二八アイテム）は流動食類、うらごしフルーツ（りんご、桃、パインアップルなど）、ミキサー食品の専用工場となっていた。

現在、ホリカフーズ全体で自社ブランド品は六五％、ＯＥＭ供給が三五％とされていた。自社ブランドは全国の病院向けのＯＫＵＮＯＳ、一般在宅介護用のＦＦＫ、非常食のRescue、治療食のピーエルシー、業務用缶詰・レトルト・冷凍食品のForicaなどが拡がっている。

また、非常食（レスキューフーズ）に関しては、ごはん、五目ごはん、おかゆ、ビーフカレー、牛丼、ハンバーグ、スープなどの単品メニューもあるが、一食ボックス、一日セットも提供されていた。一食ボックスはカレーライス、牛丼、シチュー&ライス、中華丼、和風ハンバーグライスなどがあり、ボックスの中には発熱剤・発熱溶液、加熱袋、レンゲ、ナプキンが入っていた。一日セット（三食）には、おかゆ、とりそぼろ、ウインナーと野菜のスープ煮、白いごはん、ビーフカレー、ポテトツナサラダ、栗五目ごはん、鶏肉うま煮、味噌汁がそれぞれ一式入っていた。

食の「危機管理」を意識

以上のように、地域の有志によって設立されてきたホリカフーズは、畜肉の缶詰から出発し、治療食・介護食、非常食へと展開してきた。そして、市場の要請に応え実に幅広い製品を生み出してきた。人口減少、高齢化は日本の今後の基本的な構造要因となる。さらに自然災害も避けられない。このような事情の中で、各地で多様な取り組みが重ねられている。災害大国日本、高齢化する日本にとって重大な事業領域ということになろう。

そのため、各方面からの参入も著しい。そのような事態に対し、ホリカフーズは「当社はこれまで培ったノウハウに加え、高齢化による疾病・摂食嚥下障害・災害による状況障害など、原因となる障害の研究を進め、『食の危機管理』という新しい分野を切り開いてまいります」と語っている。

地域に雇用を創出することを目的に設立されて約八〇年、戦中、戦後の難しい時代を生き抜き、高齢化と災害対応という新たな課題を正面から受け止め、次の一歩に向かっているのであった。

【より深くとらえるための本】

第２１１話と同じ。

第213話

富山県砺波市

請負耕作を拡大し加工にも向かう
――若い三代目が農商工連携に取り組む「ferme 山川」

逆風突破の鍵
KEY to BREAKTHROUGH

農業の大規模経営と多様化の推進

❶ 小規模零細といわれた日本の農業も、近年、高齢化、後継者難により一気に農地の集約化が進みつつある。一つは「集落営農」といわれるものであり、集落が農地を集約し、機械の共同利用等により、田畑の維持を図ろうとするものである。もう一つは、特定、あるいは数人の農業者が耕作を受託する「大規模受託経営」の形である。

❷ 富山県西部の砺波平野、優れた水稲地帯として知られてきた。さらに、近くに日本海側きっての近代工業地帯を形成し、農業と近代工業の兼業が一般化し、「富山の幸せモデル」ともいうべき豊かな地域を形成してきた。ただし、農業従事者の高齢化と後継者不足により、「集落営農」と「大規模受託経営」が一般的になりつつある。

❸ 大規模受託経営に踏み込んだ農家には、後継者も現れる場合が少なくない。専業の若い彼らは、水稲栽培を基本としながらも、花卉、果実、野菜などの新たな領域や加工などへの関心を深め、その取り組みに手応えを感じていくのであった。

（左）ferme 山川のハウス　（右）山川史生氏

富山県砺波《となみ》平野といえば、水稲栽培と美しい散居村で知られる。富山県は豊かな水資源を背景に早い時期から水力発電が盛んとなり、アルミニウム精錬、医薬品、化学工業などの近代工業を発展させ、日本海側最大の近代工業地帯を形成した。このことを起点に、兼業、共働きが普通になり、その結果、農業は機械化の体系の出来ている水稲栽培に傾斜するものとなった。一人当たりのＧＤＰも高く、「富山型幸せモデル」というべき豊かな地域経済を形成してきた。特に、農業産出額に占める「米」の比重は高く、全国的には二二・二％（二〇一一年）にまで下がっているのだが、富山県は七〇・八％と全国で最も高い。逆に、畜産、野菜の比重は極端に低い。典型的な「農業県」でありながらも、野菜の大半を周辺の県から移入しているのである。

ただし、近年の米価の低落に加え、アルミ精錬産業の撤退、モノづくり産業全体のアジア、中国移管などにより、かつての「幸せモデル」に綻びが生じてきている。

先代が宮崎県から入り婿し、請負耕作を積極化

この富山県、農業の新たな形態である集落営農の先進地としても知られている。兼業が進む一九八〇年代の中頃に、富山県庁が主体になり、農業機械の共同利用を推し進め、その後、「ぐるみ型」といわれる独特の「北陸型（富山型）集落営農」のスタイルを普及させていった。他方、意欲の高い専業農家の間では、周辺の農家からの「請負耕作」が進められていった。特に、富山県西部の砺波平野のあたりでは、南砺市はほぼ全集落に浸透する「集落営農」、砺波市は大規模な「請負耕作」が主流となっていった。特に、砺波市では約二五〇ヘクタールを請負耕作するサカタニが知られている。そして、この砺波市に若き山川史生氏（一九七四年生まれ）が率いる約五五ヘクタールを耕作するferme山川が存在していた。

山川氏の祖父は宮崎県日南海岸の高鍋町の漁師であり、父（一九四六年生まれ）は長じて東京水産大学（現東京海洋大学）に進む。在学中に砺波市油田《あぶらでん》の畜産家の著した『書籍』に感銘を受け、水産大学を退学して修業に入っていった。そして、砺波で地元の女性と出逢い、婿養子として入っていった。当時、山川家の農地はわずか一〇アールほどであった。そのような事情から、父の代には暮らしをたてるために畜産、乳牛から入っていく。

砺波のあたりでは、先のサカタニをはじめとして、数軒の農家が一九七〇年頃から「請負耕作」に入っていく。周辺の近代工業化により兼業が増え、それらの農家から農地を預かっていった。山川家

の先代もその頃から「請負耕作」を始めている。事実上、二代目となる山川氏は一九八八年に就農しているが、その頃の山川家は水稲一八ヘクタール、大豆一七ヘクタール、大麦八～一〇ヘクタールの計四三～四五ヘクタールに拡大していた。その頃は野菜、果実等は全く手がけていなかった。山川氏、父、母の三人で営んでいた。水稲の他に大豆、大麦といった転作請負が多かった。

五五～五六ヘクタールを請負耕作

山川史生氏は愛知県豊田市の愛知みずほ大学人間学部を卒業後、地元のアパレルメーカーで営業職を一年ほど務め、海外に行くための資金稼ぎのつもりで家業を手伝っていたが、両親のたいへんさを知り、二四歳で本格的に就農していく。

二〇〇七年、家族と周辺の住民の出資による㈱ferme山川（資本金三〇〇万円）を設立していく。現在では父、兄、山川氏、弟の四人を軸に請負耕作を広範に展開している。現在の状況は、水稲三〇ヘクタール、大豆一四ヘクタール、大麦一一ヘクタール、そば三ヘクタール、露地野菜（キャベツ、レタス、枝豆）五アール、ハウス（二棟、約三・五アール、野菜［チンゲンサイ、コマツナ、芽キャベツ］）、さらに、二〇〇七年からは露地の桃栽培（一五本、一・五アール）を展開している。全体で約五五～五六ヘクタールになっていた。なお、この中で、自前地は約一・五ヘクタールであった。

請負耕作は圃場に機械が入ることを条件に受け入れていた。近年、兼業農家も高齢化が進み、また、後継者もいないことからferme山川に依存してくる場合が少なくない。引き受ける際には、一〇アール当たり一万三〇〇〇円の賃借料（小作料）を支払っていた。また、なるべく預けて来る人にも農業周辺の仕事をしてもらうことを意識し、出来る人には年間三万円を支払い、草刈りに従事してもらっていた。

米の販売先はＪＡが四〇％、地元と広島の商系（米穀問屋）六〇％であった。二〇一三年のＪＡの買取価格は一万二三〇〇円／六〇キロ、商系の場合は九〇〇〇～九五〇〇円／三〇キロであり、商系の方が三〇％ほど高いことになる。なお、砺波市には農産物直売所があるが、そこにはＪＡの制約から米を出すことはできない。また、大豆、大麦、そばはＪＡに販売を依存していた。

ferme山川の新製品「桃の恋人」

加工など、新たな可能性に向かう

このような中で、二〇〇七年に植えた桃が五年目ぐらいから実を着け始め、砺波市の農商工連携事業に応じ、地元のトナミ醤油（第１６４話）と連携、二〇一三年夏には濃厚な桃ジュース（桃の恋人）を商品化した。三種類の桃をブレンドし、果汁四五％の一リットル瓶、八六〇円で四三六本を製造してもらった。これらは地元の道の駅「となみの郷」の農産物直売所やセブンイレブンに置かれ、好評であった。

山川氏は「視野を狭めず、色々なところにアンテナを張り巡らせるようにしている」と語り、「面積を維持し、土づくりにこだわり、多方面のコミュニケーションを図りたい」としていた。砺波市が主宰する若手経営者、後継者の育成塾である「となみ人材育成塾」に農業者として参加し、交流の幅を広げていた。「桃の恋人」を一本いただいたが、濃厚な桃の味が口の中に拡がっていった。基幹の水稲、転作作物に加え、山川氏は果樹、野菜栽培といった富山県農業の弱い部分に注目し、さらに、加工などの付加価値を高めるための取り組みに踏み込んでいる。兼業と水稲に傾斜する砺波平野の中で、新たな可能性に向かっているのであった。

【より深くとらえるための本】

楠本雅弘『進化する集落営農』農山漁村文化協会、二〇一〇年
北日本新聞社編集局編『千年百秋に』北日本新聞社、二〇一二年
関満博『「農」と「食」のフロンティア』学芸出版社、二〇一一年
関満博・松永桂子編『農商工連携の地域ブランド戦略』二〇〇九年
関満博・松永桂子編『「村」の集落ビジネス』新評論、二〇一〇年
関満博・松永桂子編『集落営農／農山村の未来を拓く』新評論、二〇一二年

第214話

富山県小矢部市

一八〇年の歴史を重ねる製粉・製麺業
——製麺産地のベースを形成「沼田製粉」

逆風突破の鍵
KEY to BREAKTHROUGH

伝統を継承し、新たな可能性に向かう

❶ 戦前までは、全国の各地で小麦が幅広く生産され、それをベースに製麺業が広がっていた。現在、麺は生麺で供給される場合が多くなってきたが、少し前までは保存食の代表選手であり、乾麺が普通であった。そのような事情の中で、全国の各地には製麺業が成立していた。だが、戦後、日本の小麦生産は大幅に縮小し、輸入依存が高まり、地方の多くの製粉業は消えていった。

❷ 現在の日本の製粉業は大手数社を除くと、小規模なところが五〇社ほどになっている。その一つとして、富山県小矢部に一八〇年の歴史を重ねる沼田製粉が存在していた。製粉業としてのスタートは戦後すぐの頃、さらに、製麺には一九八八年に進出している。この小矢部の隣は砺波。量は少ないものの、「大門素麺」の産地として知られている。沼田製粉はそこで使われる小麦粉の全量を供給していた。

❸ 日本の各地には伝統的な食の産地が拡がっている。ただし、原材料基盤が変っている場合も少なくない。そのような中で新たな製品化などの可能性が追求されている。地域の有力企業として歴史を重ねてきた企業が、そのような流れを牽引するものとして活動しているのであった。

（左）180年の歴史を重ねる沼田製粉
（右）砂田幸信氏

近年、米の減反との関連の転作として、「小麦」の栽培が各地で行われている。だが、振り返ると、外国製小麦が大量に輸入される以前の戦前の日本の各地では、小麦の栽培が広く行われていた。それに伴い、各地に「製粉業」が成立し、うどん、そば、素麺等の「乾麺」が生産されていた。麺は保存食として発展したものであり、戦後直ぐの頃までは、乾麺：生麺の比重は八：二といわれたものだが、業務用の拡大、冷蔵庫の普及等により、近年は五：五とされている。

そして、戦後の変化は劇的であり、学校給食から始まった「パン食」の普及、小麦の大量輸入、国内の麦作の激減、乾麺から生麺への転換等が進み、小規模な製粉業の衰退、地域の原材料基盤の喪失と重なり、現在の製麺業は、地域の原材料基盤とはあまり関わらない大手製麺業と、幾つかの小さな地方産地という構図になっている。

全国の「手延べ麺」と大門素麺

麺類生産の大半は機械化されているが、基本的には「手打ち」と「手延べ」に分けられる。全国的には「手打ち」比重が高い。例えば、全国的に拡がりつつある「讃岐うどん」は手打ちを基本にしている。

これに対し、「手延べ麺」の主要産地は、香川県小豆島（素麺年間生産量約二万九〇〇〇トン、うどん一〇〇トン）、兵庫県播州（素麺約二万トン、うどん九〇トン）、長崎県島原（素麺約一万トン、うどん三五〇トン）、奈良県三輪（素麺四一〇〇トン）が四大産地である。これら手延べ麺は乾麺として利用されることが圧倒的に多い。なお、素麺は固さが求められるため、材料の小麦粉は強力粉が中心になり、モチモチ感と柔らかさが求められるうどんは薄力粉、中力粉が用いられることが少なくない。

機械化されている「手延べ麺」工程

先の四大産地の他にも、各地に中小規模の「手延べ麺」産地がある。秋田県の稲庭、愛知県和泉、長崎県五島、そして、規模は小さいが富山県の砺波地方に「大門《おおかど》素麺」がある（第１３２話）。大門素麺は一八四八（嘉永元）年に能登半島から砺波の地に伝授され、その後、農家の冬季の副業として普及した。戦後の高度成長期には小豆島、播州、島原、三輪などの品物が全国に流通したが、大門の場合は地元消費を軸に独特の製法を守り生き延びてきた。

少し前までは二二〜二三戸の農家が生産していたのだが、高齢化、従事者難から減少し、現在、農協の素麺部として一九戸の農家が組織されている。元々、地場の小麦粉を利用していたのだが、現在、隣の小矢部市の沼田製粉製の小麦粉に依存している。主として、群馬産（七〇%）、アメリカ産（三〇%）を使用している。

多様な小麦粉生産と製麺に従事

富山県砺波平野の一角の小矢部市に、創業一八三〇（天保元）年の沼田製粉が立地していた。この沼田製粉は江戸期から昭和戦前までは米穀商・肥料商としての道を歩んできた。製粉業としての創業は一九四一（昭和一六）年とされている。戦後の小麦統制解除後の一九五〇年に「学校給食用小麦製粉加工指定工場」となる。その後、飼料用大麦加工工場、合板接着剤（糊）工場などにも展開し、製麺には一九八八年に進出している。

現在の取扱製品は、小麦粉・ミックス粉、そば粉・米粉、製麺（各種乾燥麺）、飼料（大麦圧扁。コーンフレイク・大麦ばん砕・混合飼料・飼料用サプリメント）、さらに、鋳物用粘結材・養殖魚用粘結材・骨材用粘結材・造粒用粘結材等の工業製品、その他に米・菓子・パン用副資材等と、幅の広い展開となっている。全体として、小麦粉の生産が約三五%、麺類、飼料用、工業用がそれぞれ一五

～二〇％の構成であった。従業員数は三二人とされていた。先の地元の大門素麺に対しては、その使用する全量を供給していた。

工業用のユーザーは限られているが、うどん店、パン屋などのユーザーは北陸三県から新潟県方面まで約四〇〇〇店にのぼる。特に、乾麺の販売先は地場の小売店から東京、大阪、名古屋のデパート、小売店あたりにまで拡がる。最近は、特に宣伝はしていないのだが、乾麺のOEM生産を受けているために全国的な拡がりをもってきた。ユーザーがOEM供給を依頼しようとして「ネット」で検索し、大手製麺メーカーと交渉しても量がいかない場合は断られる。その点、沼田製粉は小ロット、多種生産が可能であることから、ひとりでにユーザーが拡がっていった。なお、生麺は生産していない。生麺はユーザーが沼田製粉の粉を使って生産している。

手延べ麺の乾燥室

小麦、製麺文化の発信が課題

現社長の砂田幸信氏（一九四八年生まれ）は、八代目か九代目。地元の小矢部出身で農家の次男。東京の墨田区のネジ卸商に勤め、一〇年ほどで帰郷。「面白い会社がある」と誘われて沼田製粉に入社した。以来四〇年となる。七～八年前に先代が亡くなり、縁戚関係等ではないのだが、社長

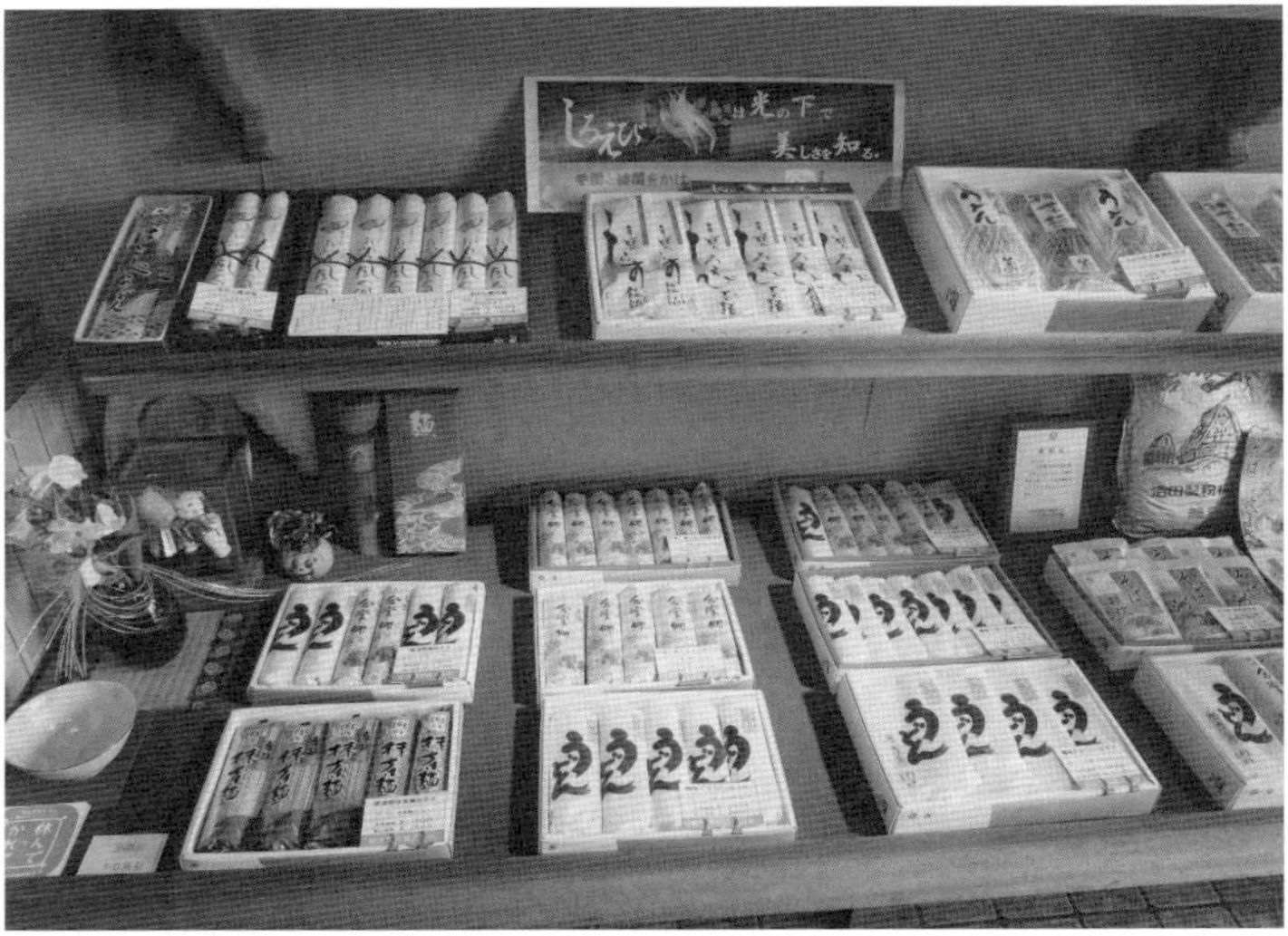

沼田製粉の麺の製品群

に就任した。本家筋の沼田家の後継者候補は現在、富山県庁に勤めている。適当な時期の継承が期待されていた。

近年の小麦粉を巡る状況は、数社の大手メーカーが主体で、中小メーカーは特殊なものや、小回りの効く領域で存立を確保するということになる。また、麺類に関しては、パン食、パスタ類の拡がりの中で、全体的な市場は縮小気味であり、また、業務用に加え、冷蔵・冷凍技術の発達により家庭用も生麺の比重が高くなっている。個人消費者としても、一手間余計にかかる「乾麺」を敬遠する方向にある。

そのような事情の中で、抹茶入り麺、あるいは富山湾名産の「白エビ」を練り込んだ麺などが開発されていた。製粉から出発し、飼料用、工業用、さらに消費財である製麺にまで進出し、会社の前には麺類の直販店も置くなど、小回りの効く形を形成していた。直売店には遠くから購入に訪れる常連客もおり、広い範囲で支持者もいる。

また、産地の規模が小さいためにやや知名度は低いが、「素麺の最高レベル」ともいわれる大門素麺は、従事者の減少、高齢化が進み、事業所数も減少している。この素敵な大門素麺の振興も併せ、砺波の地で育まれてきた麺類文化を発信していく必要があるように思う。散居の地・砺波平野の一角で、興味深い事業が営まれているのであった。

【より深くとらえるための本】
第211話と同じ。

第215話

秋田県大仙市（旧刈和野町）

一〇〇年を超える種麹メーカーの展開
――酒、焼酎、醤油、味噌の種麹から微生物農薬まで「秋田今野商店」

逆風突破の鍵
KEY to BREAKTHROUGH

発酵技術の世界最先端を行く

❶ 酒、醤油、味噌などを焦点に、日本は発酵技術の宝庫とされている。その発酵の基礎になるのが種麹の生産。その領域で近代的な方法を築いてきたのが秋田県刈和野に本拠を置く秋田今野商店。元々は地元の醤油製造業であったのだが、その後、種麹の先駆者として歩んできた。秋田は米どころであり、清酒、醤油、漬物、納豆、魚醤（しょっつる）など、日本の中でもとりわけ発酵食品の豊富なところとして知られている。

❷ 秋田の在の刈和野出身の先祖は開明的な人物であり、現大阪大学工学部に学び、一〇〇年前に京都で醸造材料商を設立している。創業者はそれまでの経験とカンによっていた麹菌の培養をガラスのフラスコで行い、さらに底の広い「今野フラスコ」を開発した人物としても知られている。戦時中に罹災し、故郷の秋田県刈和野に戻ってきた。

❸ 秋田今野商店の現場は、まるで大学の研究室。先端的な設備が用意され、新たな研究開発が重ねられていた。発酵技術は未来の技術とされている。東北秋田の発酵技術の蓄積を背景に、近代的な環境の中で、新たな取り組みが重ねられているのであった。

カビを利用する発酵食品は、酒類、醤油、味噌からはじまり、納豆、漬物、チーズ、ヨーグルト等、私たちの生活に深く浸透している。このような発酵技術に関しては、日本は世界の最先端にあるが、それは酒類を中心とする醸造技術の深まりに大きく起因する。そのような意味で、発酵の基礎となる「麹菌」は日本の食文化の原点に位置する微生物であり、二〇〇六年には「国菌」とされている。

ただし、この麹菌を生産する企業は全国で五社しかない。大阪、京都、愛知、茨城、そして秋田の秋田今野商店である。全国の酒造業、醤油、味噌等の醸造業者は、これらから麹菌（種麹）を購入している。秋田今野商店の場合は、酒、芋焼酎、味噌の麹菌を得意とし、特に東日本の酒の七〇%、味噌の五〇%に麹菌を提供している。西日本についても灘の菊正宗、焼酎の黒霧島、白波等は当方の麹菌を利用しているのである。

京都で創業し、戦時中に刈和野に戻る

明治初期の一八七七（明治一〇）年頃、秋田県刈和野の今野家は、醤油醸造を家業としていた。今野家の長男であった今野清治氏は大阪高等工業高校醸造科（現大阪大学工学部）に学び、次男の今野繁蔵氏と共に一九一〇（明治四三）年、京都で醸造材料商の今野商店を設立している。秋田今野商店は、この年を創業としている。創業者の今野清治氏は開明的な人物であり、それまでの経験とカンによっていた麹菌の培養をガラスのフラスコで行った。当時としては画期的なことであった。なお、麹

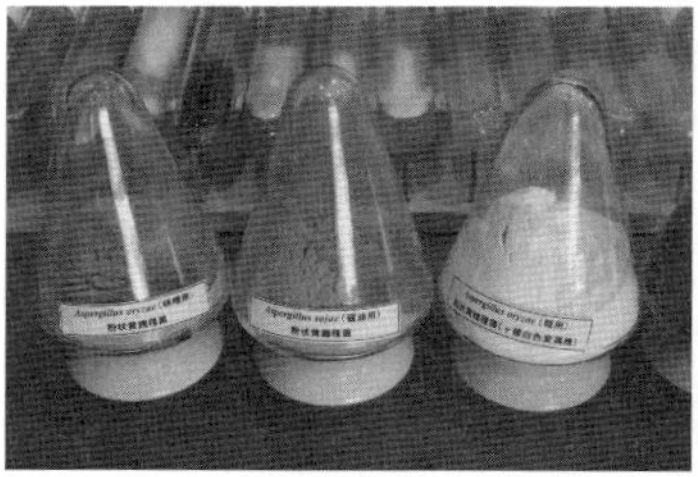

（左）麹菌（種麹）のサンプル　（右）今野宏氏

菌が均等に成長するように、底の広い「今野フラスコ」を開発したことでも知られている。また、関西で創業するにあたり、刈和野の多くの人びと（各家庭の次男、三男）を連れていったのであった。

その後、一九一三（大正二）年に大阪に移り、さらに、一九一六（大正五）年には神戸の御影に移転している。ところが、第二次世界大戦により、原料の米の事情が悪化したため、米どころの秋田の故郷に工場を求め、戦時中の一九四三（昭和一八）年から近くの出羽鶴酒造の一角を借りて生産を継続していた。そして、一九四五年三月、空襲により神戸の本社、工場は焼失してしまった。そのため、一九四七年には刈和野に工場を建設、秋田今野商店を設立、今日に至っている。

四代目である現在の社長の今野宏氏（一九五六年生まれ）は、東京農業大学農芸化学科を卒業、当時東京都北区飛鳥山にあった酒類総合研究所（現広島県東広島市）に二年半在籍、その後、オランダの大学の微生物研究所に二年半在籍し、刈和野に戻ってき

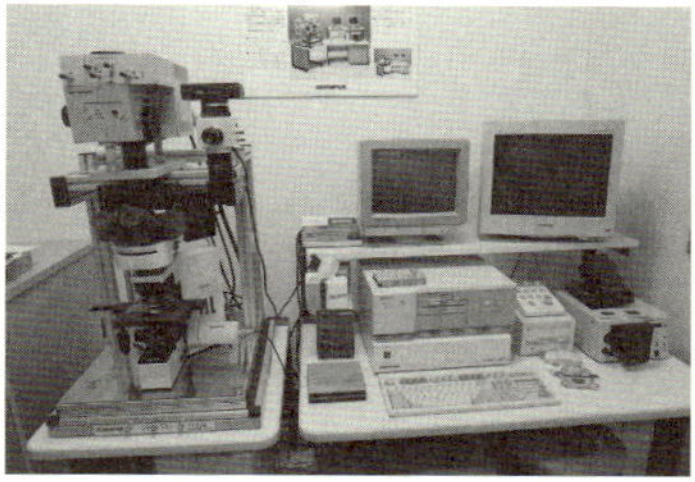

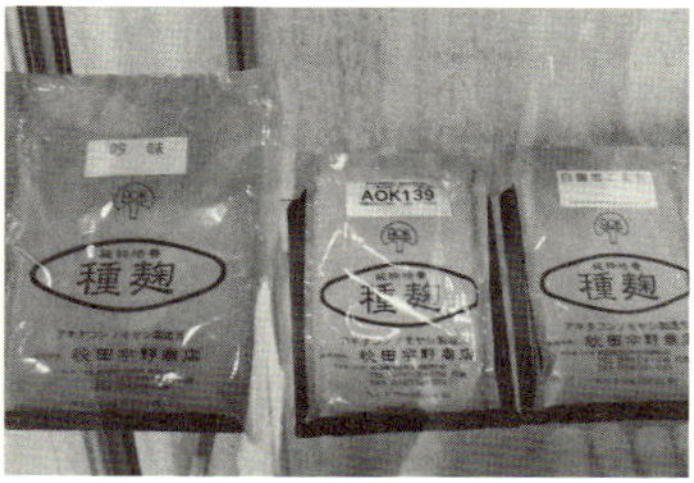

（左）オリンパスのレーザー顕微鏡　（右）種麹の製品

た。秋田今野商店の麹菌は近代微生物学を基礎とするものであり、特に灘で評判になり、一気に全国に拡がっていった。なお、神戸の今野商店は戦後に復活していたが、創業一〇一年となる二〇一〇年に秋田今野商店と合併している。秋田工場は東北から長野県周辺、神戸工場は灘、伏見等の西日本対応としている。

醸造系から微生物農薬へ展開

麹菌（種麹）の生産は、従来は前回使用した麹を老したものを混合する友種が主流であり、その際に一種の秘伝として木灰が使用されていた。経験とカンによるものであった。麹菌は酒ばかりでなく、醤油、味噌、酢などの醸造に不可欠であり、一三世紀以降、麹商人よる麹座を形成し独占的な位置を占めていたことでも知られる。

酒づくりには「麹菌」と「酵母」が用いられるが、麹菌は玄米をベースに培養される。米のタンパク質を糖化することになる。酵母はその糖分をアルコールに変えていくことになる。したがって、麹菌の生産はカビの胞子の製造が目的とされる。醸造家は蒸した酒米に種麹をふりかけていく。

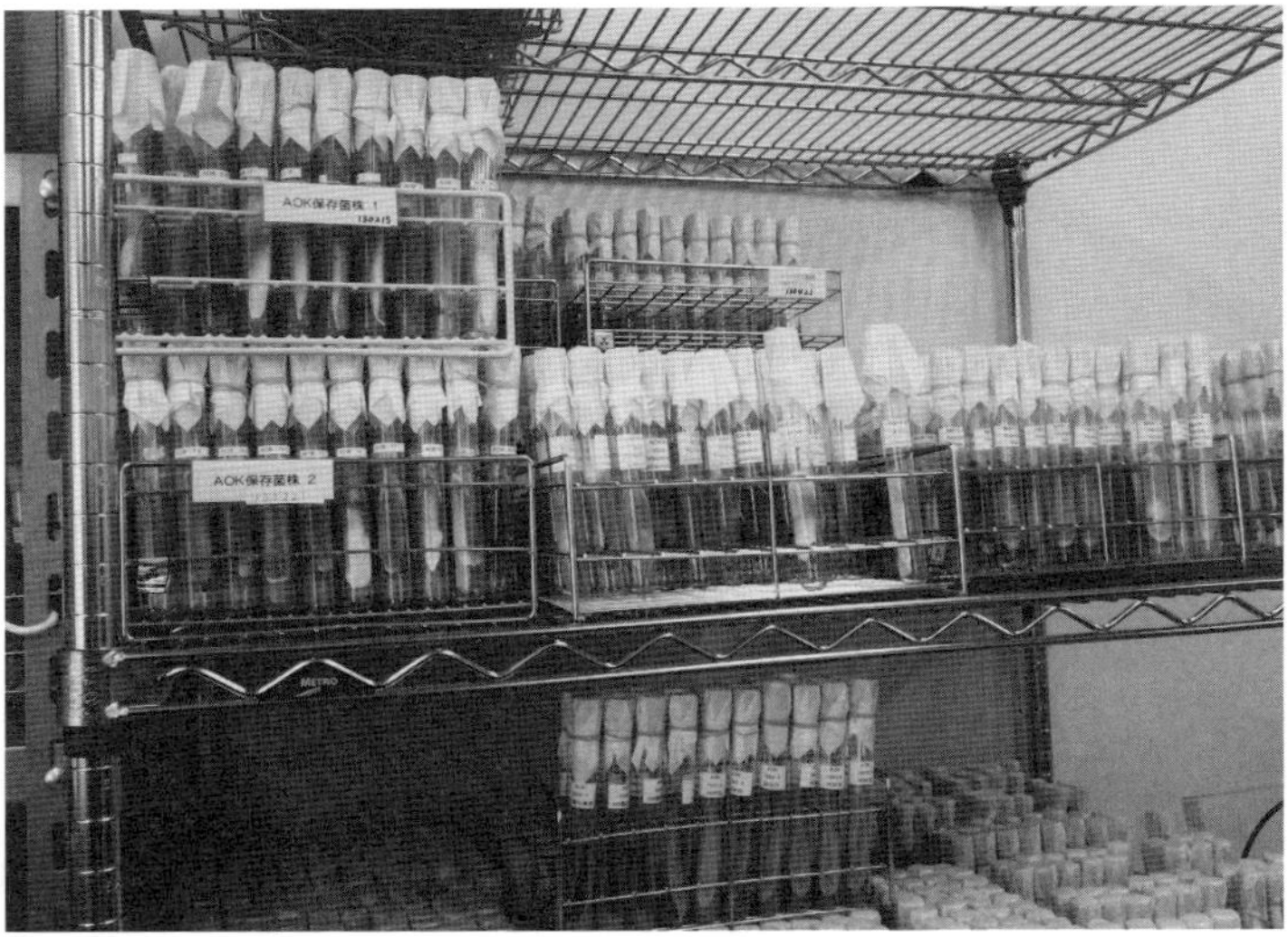

菌のサンプル

この工程が酒づくりの最初のポイントとなる。ただし、二〇〇キロの米に対して、種麹はわずか七〇グラムに過ぎず、事業的にはあまりうまみがないとされていた。この種麹一グラムの中に胞子が一〇〇億個入っている。

今野宏氏が家業に戻ってきて一〇年ほどが経った一九九六年、財務省と農水省の事業で「各県にキラリと光る研究開発会社」を作ることになり、秋田県では秋田今野商店を軸にして持田製薬、科研製薬等も参加し、㈱真菌類機能開発研究所が今野商店の中に設立されていく。秋田今野商店としては「脱醸造、菌を利用した他の分野へ進出」が目指された。期間は七年間、一〇億円（国七億円、民間三億円）が投下されていった。

今野宏氏はこの研究に没頭し、残留性のない「微生物農薬」の開発を進めていく。なお、今野宏氏はこの微生物農薬の研究により農学博士の学位を取得している。この微生物農薬は、二〇〇二年以降、有機農薬扱いにより市場に投入されている。ただし、現在の日本では農薬全体の二%の普及とされていた。秋田今野商店はこの原体を生産し、化学企業に納入、化学メーカーで微生物農薬として混合・製造され販売されているのである。

秋田の農村地帯で研究開発を重ねる

現在の秋田今野商店の販売品目は、醸造系では、酒造用麹菌、味噌・醤油用麹菌、鰹節用麹菌に加え、清酒酵母、焼酎酵母、ビール酵母、味噌酵母、パン酵母、乳酸菌、さらに、土壌病害防除用菌(トリコデルマ菌)、植物成長促進菌(PGPF菌)、光合成細菌などの農業用有用細菌、各種醸造用食品用資材等の製造販売に従事している。さらに、各種酵素活性化分析、糖分析、アミノ酸分析、電子顕微鏡写真撮影等の依頼分析の受託、また、微生物培養受託サービス、微生物菌株提供サービス、抗生物質等の生産性改良等のサービスも提供している。

秋田今野商店の刈和野の本社は総務・管理・営業関係(一〇人)と研究開発部門(九人)であり、周辺に実際の生産工場を五工場(一六人)展開している。また、灘、伏見対応のために兵庫県加古川に工場があり、四人在籍していた。全体で三五人ほどの陣容であった。本社の研究開発施設をのぞくと、そこは大学の研究室のようであった。高額な電子顕微鏡、超低温の冷凍庫、多様な試験研究施設、専門図書資料室が設置されていた。また、秋田では五工場を展開しているが、各工場はそれぞれ別の菌を製造しており、関係者の身体には菌がついているため、他の工場に手伝いに行くことはできない。

今野宏氏の子どもは女性二人、長女は東北大学大学院応用生物学の博士課程に在籍、次女は大学生であった。この二人から、このような興味深い事業が継承発展されていくことが期待される。米どころの秋田県大仙市の片隅で長く継承され、新たな世界を切り開いているのであった。

【より深くとらえるための本】

塩野米松『もやし屋　秋田今野商店の一〇〇年』無明舎出版、二〇一三年

その他は、第211話と同じ。

鹿児島県長島町（旧東町）

離島で日本一のブリ養殖を展開

——世界基準で欧米にも輸出する先進漁業「東町漁業協同組合」

逆風突破の鍵

KEY to BREAKTHROUGH

水産業の成長領域に向かう

❶ 周囲を海に囲まれている日本。各地に漁業地域、水産加工業集積を形成している。ただし、国内における魚食の減退、干物、節、練物等の伝統的な水産加工品の市場縮小に直面している。そのため、漁業従事者の減少と高齢化等が問題にされている。

❷ ただし、ここに来て、水産加工業は成長産業の様相を呈し始めた。一つは「フレッシュ」という領域であり、冷蔵・冷凍、物流、通信等の領域の技術革新が進み、国内的には回転寿司等の拡がりが裾野を拡げている。また、欧米における寿司、和食ブームが新たな可能性を拡げている。もう一つは、高齢化の中で、調理のできない層が拡がっており、完全調理品の「冷食（冷凍調理品）」の市場が急拡大しているのである。

❸ このような事情の中で、鹿児島県の離島である長島町の東漁協は日本一の養殖ブリの産地として、欧米への輸出に踏み出し、大きな成功を獲得している。そして、欧米との取引きを通じ、世界的な傾向としての安心、安全、そしてトレーサビリティの重要性を受け止め、徹底した生産管理により、新たな可能性を痛感しているのであった。

（左）阿久根市とつながる黒ノ瀬戸大橋（全長502m）（右）薄井漁港の魚市場

東シナ海に面し、鹿児島県最北に位置する離島の出水《いずみ》郡長島町、長島本島、伊唐島、諸浦島、獅子島等二三の島から構成されている。二〇〇六年三月に旧長島町と旧東町《あずまちょう》が合併して成立した。面積は一一六・二五平方キロ。人口は一九六〇年（国勢調査）には二万一一七九人と二万人を超えていたのだが、六〇年代に急減し一九七〇年には一万五九二九人となり、その後の減少はやや緩やかになったものの、二〇一〇年には一万一一〇五人となった。

一九七四年に阿久根市とつながる黒ノ瀬戸大橋（全長五〇二メートル）が開通し、離島ながらも交通条件を飛躍的に改善させ、現在の基幹産業となっている「ブリ養殖」を本格化させていった。大橋の開通とその後のブリ養殖の発展が人口減少の歯止めになったようにみえる。

この長島、八代海の出入口に位置し、入江が多く、年間平均水温一九℃という養殖条件に恵まれた海域であり、旧東町をベースにする東町漁協は単独漁協で全国の養殖ブリの約一〇％を占めるという日本一のブリ養殖とされている。しかも、ＨＡＣＣＰ認証を養殖魚として初の一九九八年に取得、対米輸出に踏み込み、さらに、二〇〇三年には養殖魚としては国内初の「対ＥＵ輸出水産食品取扱施設」の認定も受けるなど、日本の養殖漁業の最先端の位置にある。

二〇〇八年度の全国漁協事業取扱額の順位では、上位には県漁協が並ぶ中で東町漁協は第一二位（取扱額一〇八・七億円）につけた。単協では、焼津（四九二億円）、銚子（二八〇億円）、枕崎（一七一億円）、釧路（一五五億円）、根室（一二一億円）、網走（一一九億円）といった著名な漁協に次ぐものであった。全国の単協（支所）は取扱額五～二〇億円ほどの場合が多いのだが、養殖漁業主体でこれだけの実績を上げている漁協は全国でも他に見当たらない。

ブリ養殖中心の東町漁協の輪郭

二〇一四年四月一日現在の東町漁協の組合員は正組合員三八七名、準組合員二六八名、計六五五名から構成される。準組合員の多くは遊魚中心で、一トンほどの漁船登録が加入の条件とされている。現役の町役場職員、退職者等も少なくない。

二〇一三年度の販売取扱額は一〇六億四五〇〇万円であり、そのうち養殖ブリは八一％の八六億九一〇〇億円を計上した。なお、この東町漁協の場合、二〇〇九年と二〇一〇年の二年にわたり「赤潮」問題に悩まされ、取扱額は二〇一〇年は六五・六億円にまで低下し、二年間で五〇億円ほどの損害を被っている。ようやく、二〇一三年度に二〇〇八年度の一〇八・七億円の水準に戻ったということであろう。養殖ブリの年間の生産量は一万三〇〇〇トン、二三〇万尾に達する。鹿児島県は全国の養殖ブリの三〇％の約四万トンを産出しているが、その中でも東町漁協は最大の規模となっている。また、ブリの輸出は赤潮直前の二〇〇七年度には約一三億円ほどであったが、二〇一〇年度は約三億円に低下した。その後、二〇一三年度はようやく一二億七五〇〇万円に回復している。輸出先は金額ベースでは、アメリカ約八億円、EU二億二〇〇〇万円、アジア一億九〇〇〇万円、オセアニア二三五〇万円、中東一四〇〇万円であった。日本の漁協で輸出にこれほど踏み込んでいるところはない。

東町漁協の正組合員（三八七名）のうち、ブリの養殖漁業は一三八名、その他はタコ、底引網漁、刺し網漁、定置網漁などに従事し、またアオサの養殖に従事している漁師もいる。取扱額は漁船漁業で約七億円、アオサが五億円ほどであった。

対外輸出に意欲的に取り組む

この東町漁協の成立は一九四九年、水産業協同組合法施行に基づきスタートした。一九六六年の頃には、組合事業として早くもタコ、ハマチの養殖に踏み込んでいる（六九年には廃止し、各漁師の事業とした）。一九七四年の黒ノ瀬戸大橋の開通に合わせ、魚市場を開設している。一九八二年にはすでに対米輸出を開始、一九九一年には水揚額一〇〇億円を突破した。養殖ブリが約九〇％を占めていた。なお、バブルの頃は、ブリの価格は一〇〇〇円／キロを超えていた。当時はブリ御殿が建った。二〇〇三年には対EU輸出に踏み込んでいる。ブリでは日本初となった。この年には自主的に「ブリ養殖管理基準書」を策定、世界レベルの安全性、品質管理技術を目指した。二〇〇五年には「鰤王」の名称で商標登録している。同じ年には対中国輸出水産食品取扱施設登録をし（二〇一四年現在は止まっている）、二〇〇七年には対ロシア輸出水産食品取扱施設の登録をしている。このように、東町漁協は一九九〇年代後半以降、積極的に対外輸出に踏み込んでいるのであった。

また、従来から小規模な赤潮被害はあったが、二〇〇九年、二〇一〇年と二年連続して大規模な赤潮被害に遭遇する。被害額は五〇億円に上ったが、四〇億円の補助金を獲得し、再起に向かった。なお、赤潮は海水の富栄養化に伴いプランクトンが異常発生することにより起こる。養殖漁業との関連では、プランクトンが魚の鰓に詰まり、窒息死してしまう。

従来、生簀は四角形で一辺が七、八、一〇、一五メートル、深さは一〇メートルであった。その後、円形が主力になり、直径一二～一五メートル、深さ一〇メートル、網目五六ミリでやってきた。だが、赤潮被害後、鹿児島大学との共同研究を続け、一辺一五メートル、深さ一五メートルの角丸型のエアー制御による沈下式の生簀を開発している。表層の赤潮の回避、また、台風、季節風による波浪の影響の緩和のために、蓋をして海底（三〇メートル位）に沈めるものである。二八億円をかけて二一〇台の生簀を完成させている。

東町漁協の大漁旗

ブリ養殖と加工、販売のプロセス

ブリの養殖のスタートは毎年、四月中頃から下旬の天然モジャコ採取から始まる。ブリは回遊魚であり、東シナ海の屋久島、種子島周辺の浮き藻に産卵する。天然の場合はそこから太平洋側は福島県、宮城県沖のあたりまで行き、日本海側は新潟周辺まで回遊する。ただし、近年は温暖化の影響から北海道でも獲れる。なお、このモジャコの採取は毎年二三日間に限定されている。組合員が五～一〇トンの漁船で赴き、日の出から日の入りまで行われる。漁法はサンマ漁と同様の棒網漁である。

この採取したモジャコは大、中、小の三段階に区分され、生育が早いと期待される「大」は種子島、屋久島の育成業者に六月中旬までの二カ月ほど預ける（五〇～六〇グラムになる）。種子島のあたりは水温も高く（四月で二二℃、長島の場合は一八℃）、育ちも早い。小さいモジャコは直接長島に持って帰る。このモジャコの育成は女性たちの仕事とされていた。そして、これらモジャコは漁協で一括管理され、稚魚にワクチンを打ち、各漁師に販売する。各漁師は自分の生簀で育成していく。早いものは翌年の八月に出荷可能（二年生）、遅いもので翌々年の六～七月までの三年生となる。五キロほどが出荷の基準となる。三年生は餌が一年分余計にかかることになり、今後は止める方向で検討していた。また、人工種苗は以前からの課題だが、これも二〇一二年から導入を試みている。

餌料は以前は生餌（カタクチイワシ等）を投入していたのだが、生餌は漁場環境負荷が大きく、品質の安定に問題を残すことからオリジナルの餌料開発に向かい、二〇〇五年から、鹿児島大学との共同開発で配合された魚粉等を小さく練り固めた粒状の餌料ＥＰ（エクストルーダーペレット）と、生餌と魚粉などを混合したモイストペレットを使用している。製品設計は当方、実際の生産は大手餌料メーカーに任せている。ＥＰが七〇％、モイストペレット三〇％の使用であった。これら配合餌料はブリの栄養価を安定させ、肉質のバラツキをなくし、鮮度を保つ役割を果たす。ＥＰの年間販売量は約二四〇〇トンになる。各漁師は自動給餌機により定期的に給餌していく。モジャコは年末には一・五キロほどになり、翌年の四月～五月の頃には四キロ、八月には五キロになる。

加工施設。真空パック工程

東町漁協の幹部たち／左から山下伸吾参事、長元信男組合長、中薗康彦加工共販部長

なお、養殖漁業の場合、最大のコストは「餌料代」となる。餌料代は売上額の七〇％が限界であり、六〇％であればかなり良い状態とされていた。キログラムあたりの損益分岐点は六五〇円前後。近年の底は二〇一二年であり、四八〇円まで下がった。ところが、二〇一三年末から急激に回復し、二〇一四年三月には八〇〇円、六月には九〇〇円にまで上昇している。国内、海外需要が回復しているようであった。

販売は東町漁協を通じる共販であり、国内の各中央市場出荷（一〇〇万尾）、量販店（一一四万尾）、輸出（二〇万尾）となる。ブリ一本丸ごと出荷の「鮮魚（ラウンド）」、内蔵と頭を取った「ドレス」、鰓と内蔵を除去した「セミドレス」、三枚におろした「フィレ」がある。中央市場はラウンド、量販店はフィレが多い。輸出の場合は冷凍フィレが四〜五万尾、福岡の商社に対して空港渡しとなる。北米向けの主力製品はドレスであった。二〇一三年の加工尾数は一一四万尾を達成した。さらに、二〇一三年には新たに総合加工場（七〇〇平方メートル）を建設し、ロイン（フィレをさらに二分割したもの）、調理品の惣菜にも向かうことが計画されていた。

若手の多い漁協と人材育成の課題

以上のように、長島町の東町漁協はブリ養殖を基軸に単協で一〇〇億円超の売上額を達成、早い時期から対米、対ＥＵ輸出に踏み込み、世界基準に沿った生産体制を形成している。しかも、このような養殖に関わる一連の事業は、他の地域の場合、民間事業あるいは漁連の事業として行われていることが多いのだが、東町では漁協の事業として組織的に展開していることが興味深い。近年の世界の食品の生産流通では安心、安全とトレーサビリティが基本となってきた。漁協に対する信頼を基礎に、モジャコの採取から養殖、加工、販売までの一貫した見事な組織的展開が行われている。

また、人材的にも青壮年部（一八歳から三九歳まで）には一〇八人が組織されている。他の地域の漁協の場合には若者の影は薄い。青年部を維持することが難しく、年齢が五〇代にまで引き上げられていることが少なくない。東町漁協は後継者の育っているということになる。漁家では実質的には引退している八〇代の祖父の世代が組合員となっている場合が多いため、東町漁協の組合員の平均年齢は六四〜六五歳になるが、組合員登録のされていない二〇〜三〇代の後継者も多く、実質の平均年齢は五〇歳ほどになる。一つ前の世代が作り上げてきた見事な組織的展開を次の世代が継承し、さらに発展させていくことが期待される。

「フレッシュ」と「冷食（冷凍調理品）」の新たな世界

振り返ると、水産関連産業はかつての鮮魚流通、加工品としての肥飼料、干物、節、練物、缶詰の時代から、この二〇年ほどの間に大きく変化している。先の伝統的な加工品は衰退傾向を深めているのに対し、全く新たな市場が登場している。その背景になるのは、成熟化、人口減少、少子高齢化といった国内要因に加え、和食、寿司などへの世界的な注目というグローバルな要因が大きい。さらに、冷蔵・冷凍、物流・販売、通信といった領域の技術革新の進展は著しく、水産関連産業を劇的に変化させている。その結果、というよりもまだ発展途上なのだが、新たな二つの領域が登場していることが注目される。

一つは「フレッシュ」という領域であり、主として冷蔵・冷凍技術、物流技術の発展が鮮魚に近い状態を再現させることを可能としていることが指摘される。回転寿司やテイクアウトの寿司の価格低下と拡がりは、そのような事情を反映している。東町漁協が推進している対外輸出もそのような文脈でみることができる。このような領域に踏み込んでいる水産関連企業は劇的な発展を遂げているのである。さらに、欧米への輸出に踏み込むことにより、世界的な安心、安全、トレーサビリティの重要性が認識され、管理技術の重要性が理解されていることが興味深い。

畜産はほぼ完全に養殖に移行しているのだが、日本では水産物は依然として天然物が珍重されている。魚食の経験の浅い欧米では、一気に養殖への移行が進んでいるが、反対に魚食の経験の深い日本はなかなかそうはいかない。ただし、安心、安全、トレーサビリティの重要性への認識が高まれば、キチンと管理された養殖の意義はますます大きくなってこよう。

第二の領域は、少子化、高齢化の深まりにより生じている。近年の若者は魚をおろすどころか、調理もしない。また、高齢者は自ら調理することもできなくなってくる。また、学校給食、病院食、旅館・ホテル等の人手不足は、冷凍完全調理品の市場を拡大させている。このような時代状況に対して、レベルの高い完全調理品、惣菜の提供の必要性は大きい。この部分は「冷食（冷凍調理品）」という。これも冷蔵・冷凍技術、物流技術の革新がそれを支えている。この領域も当然、調理技術に加え、安心、安全、トレーサビリティの重要性は高い。しかも、それは生産地に新たな付加価値をもたらし、さらに、雇用を拡大させていくのである。

以上のような点からすると、東町漁協の取り組みは「フレッシュ」のグローバル化の取り組みであり、むしろそのことが安心、安全、トレーサビリティの重要性を深く認識させるものであった。次の課題はそのような生産管理技術のさらなる高度化と、付加価値を上げていくための最終製品までの一貫した取り組み、そして、次の世代の人材育成ということになろう。

【より深くとらえるための本】

関満博『東日本大震災と地域産業復興 I、II』新評論、二〇一一年、二〇一二年

関満博『地域産業の「現場」を行く 第7集』新評論、二〇一四年

第217話

秋田県八峰町（旧八森町）

廃校跡でアワビの陸上養殖
――養殖の第一人者が取り組む「日本白神水産」

逆風突破の鍵 KEY to BREAKTHROUGH

水産業の新たな可能性を追求

❶ 周囲を海に囲まれている日本の場合、天然の魚介類に対する評価が高い。ただし、世界的にみると安心・安全、トレーサビリティの重要性が高まり、ヨーロッパなどの先進国では養殖の魚介類が中心になってきている。日本においても次第にそのような動きが強まりつつある。先の第２１６話のブリを始め、オホーツク沿岸のホタテなどはそのような点が深く意識されている。

❷ この点、魚介類の「王様」とされるアワビの多くは、各漁協が稚貝を飼養し、近くの岩礁に放流している。そして、密漁の多いことも一つの悩みとされている。陸上養殖による安定的な生産が一つの課題になっている。

❸ そのような事情の中で、陸上養殖の第一人者とされる方が、秋田県北端の八峰町の廃校跡を使い、本格的な陸上養殖に踏み出している。日本海から海水を汲み上げ、地元のコンブを餌にし、温度管理を徹底し、アワビの安定供給の体制を築きつつある。それは、天然に終始していた日本の水産業に新たな可能性を導くものとして注目される。

陸上養殖場と菅原一美氏（右）

魚介類の「王様」とされるアワビ、生食でよし、焼いても煮ても美味しく、薬効成分も豊富とされている。四方を海で囲まれている日本では獲れるところが多いが、大半は岩礁のある海に面する漁協が稚貝を放流して、その後採取している場合が少なくない。国内の年間の水揚量は約五〇〇〇トン、密漁も多く、漁協から正式に市場に投入される量は半分ほどとされている。また、干アワビは中華料理の最高級食材とされ、主として三陸から輸出されている。

アワビ陸上養殖の第一人者

菅原一美氏（一九四六年生まれ）は秋田県横手市（旧平賀町）出身、横手工業高校機械科を卒業後、いすゞ自動車藤沢工場に勤める。その後、いすゞから関連のピストン工場（大宮）に出向する。

その頃、もう少し勉学したくなり、新宿の工学院大学（夜間）に入学する。大宮に居住し、新宿に通った。だが、三年生になると八王子校舎となり、通学に苦慮する。研究室の教授からいすゞを退職することを勧められ、新宿区にあった船舶技術研究所に移籍する。それは、その後、運輸省海上技術安全研究所となり三鷹市に移転する。さらに、一九七八年にはつくば研究学園都市の海洋・船舶関連の研究所に移り、大宮からつくばに毎日六〇キロをクルマで一五年間通った。その後、九〇年代の中頃に研究所が虎ノ門の財団法人船舶振興会の一部に移り、海洋政策財団となった。菅原氏は定年退職後の六五歳まで、そこに勤めていた。

大型の水槽でアワビを養殖

このように菅原氏は海洋一筋で来たのだが、特にアワビの研究に注力し、アワビの生態、陸上養殖技術の第一人者として知られ、幾つかの大学、下甑島、淡路島、新地町、松戸、八王子など全国一七カ所で、いずれも長さ八メートルほどの小さな養殖槽であったが、陸上アワビ養殖を指導していた。八王子の指導先は第7集第204話に登場している金属加工のアミネックスであった。

二〇〇八年頃、八峰《はっぽう》町の加藤和夫町長が虎ノ門の研究所に飛び込んできた。八峰町は二〇〇六年三月に八森町と峰浜村が合併して成立した町であった。日本海に面しかつてはアワビの産地であったのだが、近年、漁獲量は激減していた。陸上養殖に関心を抱いた加藤町長はアミネックスを視察した足

（左）陸上養殖されたアワビ　（右）グラントの隅に水槽が積まれる。奥は日本海

で虎ノ門にやってきた。菅原氏には少しの印象が残った。

廃校跡で事業をスタート

二〇一一年三月一一日、東日本大震災の津波により、三陸のアワビ養殖は壊滅し、また菅原氏と関係の深い稚貝生産の北日本水産（大船渡市綾里）の施設は完全に流された。三陸の漁協の多くは自前の稚貝生産施設を保有し、放流しているが、それを第三者が手に入れることはできない。第三者が入手可能なのは北日本水産を含めて日本に二社しかなかった。北日本水産からは「もう再起できない」との報告がきた。

全国の陸上養殖にとっても危機的状況となり、菅原氏の脳裏に八峰町の町長のことが浮かんだ。改めて加藤町長に連絡し、自身が秋田県出身であることも打ち明け、二〇一一年五月、八峰町議会で一時間三〇分の講演をすることになった。当時の町議会議員一四人に対し、冒頭「一人でも反対があれば、やりません」として講演したが、全員が賛成してきた。

養殖場としては二〇〇九年に三つの小学校が統合され、廃止されていた旧八森小学校を紹介された。日本海にも至近の距離であった。陸上養殖に

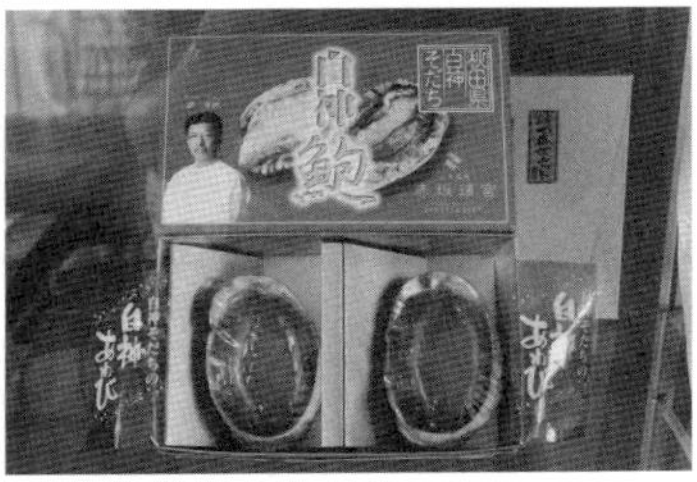

1箱2個、1万円のアワビ

必要な場所と海水の調達がイメージされた。本格的なアワビの陸上養殖となると、設備だけで五億円、土地、建物等も含めて全体で一〇億円はかかる。次は養殖槽の調達が課題となった。

その頃、北海道千歳の原野の廃棄物処理業者の置き場に大量の水槽（FRP製）が放置してある情報を得る。一一×一・四×〇・六メートルの大型水槽五七台、二×一×〇・五メートルの小型水槽二〇〇台であった。処理業者も取り扱いに苦慮していた。事業の趣旨を説明したところ、先方は「まとめて全部なら無料でよい。持っていってくれ」となった。大型のものは新品で一台三〇〇万円はする。無料というわけにはいかず、五七万円を支払い、苫小牧港から能代港に海上輸送し、陸上はトレーラーで運んだ。運賃は五〇〇万円はかかった。二〇一二年六月に搬入を終えた。

この間、日本白神水産㈱を二〇一二年一月に設立し、資本金は関係者から集め、三二五〇万円とした。その夏から五年間無償提供された小学校敷地・校舎の改造にかかっていく。建物、グラウンド、プールがあり、水槽も手に入り、海水もポンプアップで調達できる。水回りの大半は菅原氏自身が設置し、できないところは地元の大工に頼んで整えた。現状、二教室（一階）をぶち抜いたところに大型水槽四台を設置、体育館に一〇台、さらに外に建物を建て二台の計一六台を設置している。二階は加工場としていた。特に教室、体育館は木質のフローリングであり、保健所の許可が取れない。この点に関しては、現在使われていない選挙の際の土足対応シートが大量に残っており、それを無償で引き取って敷いた。

東京の新橋に東京本社（従業員三人）を置き、経理、営業にあて、八峰町の事業所は陸上養殖、加工をイメージしていた。八峰町の事業所には従業員五人を抱えていた。八峰町からは地元雇用が要請され、緊急雇用の対象として全体で年間二〇〇〇万円を受け取っていた。

「食産業」の新たな世界を切り拓く

将来的には孵化から成貝までの一貫生産を目指しているが、当面はアワビの稚貝（約五センチ）を調達し、水槽で育てる。餌料は男鹿産のコンブにこだわっていた。アワビは月に三～四ミリほど成長する。一〇カ月で四〇ミリほど大きくなる。天然アワビは一〇センチ以下は採取禁止になっている。一一～一二センチに育ったところで販売している。卵からだと三年はかかるが、稚貝からだと約一〇カ月の飼養で販売できる。水温は一八℃が適温であり、二日に一回は海水を取り替えていた。

ようやく活アワビができるようになり、販売も開始された。当面、最大のユーザーはネット通販のMマートであり、五〇個単位で動いている。その他としては、赤坂璃宮（中華料理店）、ザ・ペニンシュラ東京、プリンスホテル、シェラトンホテルといったところから、地元のこまち食品工業、鈴木水産、関根屋、男鹿グランドホテル、あきた白神温泉ホテル、秋田キャッスルホテル、秋田ビューホテル、十和田ホテルなどである。会社案内には「世界自然遺産の『白神山地』から湧き出す清らかな『白神の水』、滋養豊かな『白神の塩』、男鹿半島から八森の沿岸地域でとれる『昆布』を餌にした安全、安心で美味しい『白神あわび』をお届けします」としていた。

養殖中に弱ってくるアワビもあるが、それらは冷凍し、粉末にして粥、佃煮などにしていく。当面は活アワビ、剥きアワビの加工までは完成し、燻製もほぼ完成の域に達していた。

天然に依存していた水産資源は、今後、資源管理、生態系の問題等に加え、トレーサビリティを重視する地球規模の「食産業」の安全性追求の流れの中で、陸上養殖の必要性が高まっていく。また、初期投資も大きく、なかなか参入も難しい。この点、「白神あわび」の復活を願う地元八峰町と養殖第一人者の連携により、興味深いスタートとなった。千歳から搬入された水槽の多くは、まだ校庭の隅に積まれていた。養殖の安定と加工の可能性の拡がりにより、今後、さらに拡大していく可能性は高い。地元の期待を一身に受け、秋田県北のブナ林の拡がる世界自然遺産「白神山地」を背景に、日本海に面した廃校跡で、第一人者による興味深い取り組みが重ねられているのであった。

【より深くとらえるための本】

第216話と同じ。

第218話

滋賀県近江八幡市

和洋菓子に新たな境地を拓く
――近江の原風景を世界に発信「ラ・コリーナ近江八幡」計画「たねや」

逆風突破の鍵
KEY to BREAKTHROUGH

「食」をベースに時代と共に進化していく

❶ 長い和菓子の時代を背景に、明治以降、洋菓子が導入されてくる。さらに、その洋菓子は日本の嗜好に沿うものに進化し、現在の「菓子」の世界は和洋が混在し、日本独特のものになってきた。このような状況の中で、小規模なこだわりの菓子店、大規模な量産の菓子メーカーなどが林立している。そして、その中で、独特の発展を重ねる菓子メーカーが登場してきている。

❷ 滋賀県近江八幡、和菓子の本場の京都に近い。そこで生まれた和菓子の「たねや」は、京都の老舗を深く意識し、独特な和菓子を生産、さらに、洋菓子部門でも新たな形のバームクーヘンにより大きな成功を収めていく。和と洋がうまく溶け合ったところに新たな価値を創造し、人びとに受け入れられていったのであろう。

❸ 和洋菓子で成功した「たねや」は、次に故郷の近江八幡の地で、「菓子」「食」をテーマにした新たな魅力的空間を形成しつつある。約三万五〇〇〇坪に及ぶ「ラ・コリーナ近江八幡」は、菓子ばかりではなく、「食」をベースに自然と調和する新たな世界を提供するものであろう。しかも、その内面は時代とともに「進化」していくものとして深く意識されているのであった。

和菓子、洋菓子の世界には、各地に毎日大勢の人の並ぶ小さな人気店があり、また、京都や金沢には完成度の高い和菓子を提供してくれる老舗もある。他方で、量販店や観光地のお土産屋で売られる低価格の和洋菓子もある。このような中で、高級和菓子を大規模に自ら生産販売しているメーカーは限られている。

その代表格はここで紹介する「たねや」であり、和菓子部門だけで売上額は一一〇億円に達する。羊羹で有名な虎屋（東京都港区）、京観世で知られる鶴屋吉信（京都）、岡山で創業した創作和菓子の吉兆庵（東京銀座）あたりと並び、和菓子だけでも全国一の規模になっている。さらに、たねやの場合は、バームクーヘンを中心とした洋菓子展開も果敢に行われ、和洋菓子全体で売上額規模は二〇五億円規模となっている。名実共に和洋菓子で全国的に知られるナンバーワンの総合メーカーということができる。近江商人の里である滋賀県において、最も活発な企業として注目されているのである。

日牟禮神社の参道に面する日牟禮乃舎

京都の老舗を超えてやる

たねやの歴史は古く、豊臣秀吉の養子である秀次が近江八幡に城下町を築いた頃に遡る。当初は材木商であり、菓子に入る前の頃は「種屋」を営んでいた。和菓子の領域に入ったのが一八七二（明治

日牟禮ヴィレッジの店先でバームクーヘンを作る

五）年、山本家当主七代目山本久吉氏の時であり、京都の銘菓亀家末廣にて修業し、「種屋末廣」の屋号によって旧八幡町池田町で創業している。後に「種屋」に屋号を変更している。

一九四五年の終戦と食料不足の時代に、ヒット商品の「栗まん」が大評判を呼び、たねやの発展の基礎になったとされる。その頃、たねやの近くに居住していた建築家のメレル・ヴォーリス氏からの勧めでパンや洋菓子も作るようになっていく。一九五一年には本格的に洋菓子部門に進出していく。これが後のバームクーヘンで著名なクラブハリエにつながっていく。そして、一九六六年、その後のたねやの発展をリードする山本徳次氏（一九四〇年生まれ）が菓子の「たねや」としての三代目社長に就いていった。その頃のたねやはまだ一店舗の規模であった。

山本徳次氏は地元の県立八幡商業高校を卒業後、即家業に入り和菓子づくりに励んでいく。山本徳次氏は企業家精神旺盛な人物であり、「京都の老舗を超えたい」との思いを深めていった。山本徳次氏は若い頃、御用聞きなどで八幡の町を走り回ると「ウチは京都の老舗のどこそこで代々買うてますんや」と断られ悔しい思いを重ねていた。後年、山本氏は「和菓子の世界は、京都の老舗を中心に巨大なヒエラルキー（ピラミッド構造）が形成されていて、種家などはそのはるか裾野にあった。なんとしてでも京の老舗を超えてやると思った」と述懐している。

バームクーヘンでブレーク

そのために三つの取り組みを重ねていた。一つは、京都の老舗がやっていないことをやることであった。盆暮れのギフトで京都の老舗に勝てないならば、四季折々の祭事菓を提供することであった。節句、七夕、お月見など日本の暦には多くの祭事がある。その季節を菓子の形にしていった。この祭事菓を携え、県外デパート出店第一号となる東京日本橋三越本店に出店したのが一九八四年のことであった。

二つ目は、「材料へのこだわり」であった。国産材料を自ら産地で確かめながら採用し、さらに、一九九八年には永源寺町に㈲たねや永源寺農園を開設、気候、水、土に恵まれている滋賀の地で無農薬農法によるヨモギの栽培に踏み出している。一町歩以上の農園でヨモギの上の葉三枚だけを採取し、年間一〇トンの量を確保している。この農園では小豆の搾りかすなどを肥料にする循環農業方式も採用している。

三つ目に、全国の菓子屋から後継者を預かり人材育成していくたねや菓子職業訓練校を一九九八年に開校している。一年間で三〇〇〇時間をかけ、食品化学、栄養学、公衆衛生学、実技までを学べるコースになっている。

このようなこだわりを背景に、和菓子をベースにバームクーヘンを中心とした洋菓子にも踏み込み、一九九五年には洋菓子部門をクラブハリエとして独立させている。なお、「ハリエ」は先の建築家のヴォーリス氏が好んでいた玻璃絵（ガラス絵）から採用している。ドイツ原産のバームクーヘンは、日持ちのする硬いものであったが、クラブハリエのものはしっとりとした食感のものであった。このクラブハリエのバームクーヘンは、十数年前のＴＶ番組で紹介され、空前のヒット商品となっていった。結婚式の引き出物であったバームクーヘンが「買って帰るもの」に変わったとされている。

全国四〇店舗、二〇〇〇億円企業に

そして、この山本徳次氏の時代に、たねやは大きく発展していく。たねやグループとしては、和菓子のたねや、洋菓子のクラブハリエ、ヨモギ栽培のたねや農藝、職業訓練校のたねやアカデミー、社内保育園のおにぎり保育園から構成されている。従業員は正社員が約一〇〇〇人、パートタイマー、アルバイトが六〇〇〜七〇〇人の計一七〇〇人を数える。女性の比重が七〇％であった。工場部門が五〇〇〜六〇〇人、各店舗は七〜八人から、多いところでは飲食を含めて五〇人規模とされていた。

現在の工場はバームクーヘン専用工場、和菓子工場など三工場、グループ全体の店舗は四〇店を数える。旗艦店は近江八幡の日牟禮神社の入口にある近江八幡日牟禮ヴィレッジであり、境内の参道を挟んで和菓子のたねや日牟禮乃舎《や》、洋菓子のクラブハリエ日牟禮館があった。いずれもお客で賑わっていた。

店舗は滋賀県に九店、東京は日本橋三越、銀座三越、池袋西武本店、新宿小田急などデパート店が一〇店、横浜三店、名古屋四店、大阪一一店、神戸二店、奈良、福岡に各一店が配置されていた。店長の八〇％は女性であり、デパート店の場合は二三〜二四歳ほどの若い女性店長も少なくない。「店長を経験させることが人材育成」とされていた。

現状、和菓子、洋菓子部門のいずれも増収増益を続けているが、既存店の中には売上減少店もある。全体的に傾向としては「和菓子は海底を這っており、洋菓子は流行りすたりがある。圧倒的存在であるバームクーヘンの次の商品が課題」とされていた。また、近年、積極的に踏み込んでいるオンラインショップも好調であり、売上額規模も一四億円に達していた。対面販売によって得られた信頼関係が寄与していると受け止めていた。このように、山本徳次氏の時代に、たねやは大きな飛躍を成し遂げたのであった。

若い長男、次男に継承

二〇一一年三月には、山本徳次氏は一線を退き、長男の山本昌仁氏（一九六九年生まれ）が、たねやグループのCEO、たねや社長、たねや農藝の社長に就任し、次男の山本隆夫氏（一九七三年生まれ）が、クラブハリエの社長に就いた。昌仁氏は一六歳から菓子製造の修業に入っている。当初は東京高田馬場の製菓学校で学び、その後、姫路の人間国宝に師事し、一九九〇年に家業に戻っている。一九九四年には、全国菓子大博覧会で名誉総裁工藝文化賞を受賞している。昌仁氏にとって父の徳次氏の存在が大きかったのだが、ようやく「たねやで頑張る」気になったとしていた。次男の隆夫氏は鎌倉の洋菓子屋で修業し、家業に戻ってきた。なお、山本徳次氏はたねやアカデミー校長とおにぎり保育園の代表を務めている。

ほぼ一代でここまでたねやを発展させてきた山本徳次氏は、各所に分散している機能を自らが育った近江八幡に集結させ、拠点を作りたいと考えていた。丁度社長交代にかかる二〇〇九年三月、近江八幡の八幡山の麓にあった厚生年金系の施設であるウエルサンピア滋賀（敷地面積三万五〇〇〇坪）が競売にかけられることになる。山本徳次氏の発想では「当面、工場用地」と考え競売に参加した。リーマンショック直後の二〇一〇年九月の競売に滋賀県勢で唯一参加したたねやが落札した。

ラ・コリーナ近江八幡プロジェクト

新社長の山本昌仁氏は環境、観光への関心が深く、琵琶湖の近くの自然に恵まれ、日本の農村の原風景を思わせる土地で、「ラ・コリーナ（丘）近江八幡」という計画に踏み出していく。この計画について、山本昌仁氏は以下のように語っている。

「北之庄は里山の風情を色濃く残す土地です。八幡山と安土山のあいだ、西の湖に隣接する『ラ・コリーナ近江八幡』は、近江八幡の美しさを世界に発信する拠点になります。森があり、赤米・黒米などをつくる棚田畑があり、この場所で収穫された素材を使うケーキのお店やアイスクリーム、チョ

たねや農藝／草屋根の愛四季苑

建設中の和・洋菓子館／2015年1月9日オープンの予定

次第に造成される圃場、棚田

コレートの店が点在します。訪れた人は近江の原風景に包まれながら思い思いにお菓子を楽しむことができます。他にも、ラ・コリーナの畑や近隣のオーガニック畑で収穫された野菜を販売するマルシェ（朝市）を開催して、その場で調理したサラダやスープを提供したいですね。自然に学び、訪れるたびに新しい発見がある〝お客さまに喜んでいただける空間づくり〟を目指しています」としていた。

このラ・コリーナ近江八幡、すでに山野草を栽培、調整するたねや農藝の愛四季苑《はしきえん》、北之庄菜園は二〇一四年にオープンし、メインショップの和・洋菓子店舗の建設が進められ、二〇一五年一月九日のオープンに向かっていた。駐車場（四〇〇台）は完成していた。ただし、ラ・コリーナ近江八幡には完成はなく、「自然に学ぶまちづくり」として時代を超えて「進化」していくものとされていた。

甲子園球場三個分の敷地とされる近江八幡の北之庄の地で、時間をかけて進化する魅力的な空間が拓け始めているのであった。

【より深くとらえるための本】
第211話と同じ。

第219話

山形県山形市

ファクトリーパークを展開する洋菓子メーカー
――ラスクに新たな命を与える「シベール」

逆風突破の鍵

KEY to BREAKTHROUGH

事業に成功し、社会貢献に向かう

❶ 日本が高度経済成長から成熟社会に向かう中で、「食」の世界は興味深い発展を遂げてきた。特に、菓子の世界は和菓子をベースにしながら、洋菓子を取り込み、日本独特の発展を示したものが少なくない。先の第218話のたねやのバームクーヘン、そして、ここでみるシベールの「ラスク」はその典型的なものであろう。洋菓子を独自に日本の嗜好に沿うものに進化させてきたのである。

❷ 「ラスク」といえば、フランスパンの残り物で作られるものとされていたのだが、シベールはそこに新たな命を吹き込んでいった。日本の「モノづくり」は、素材にこだわり、作り方にこだわり、独特のものにしていく場合が多いが、先のたねやこのシベールはその典型のように思う。それが成熟社会の現代日本の消費者に歓迎されていったのであった。

❸ そして、事業的な成功を収めると、それをリードした企業家は社会貢献の意識を深め、社会企業家としての横顔をみせ始めていく。事業としての「進化」と社会事業家としての取り組みが重なり、地域の尊敬される企業として人びとに支持されていくことになる。

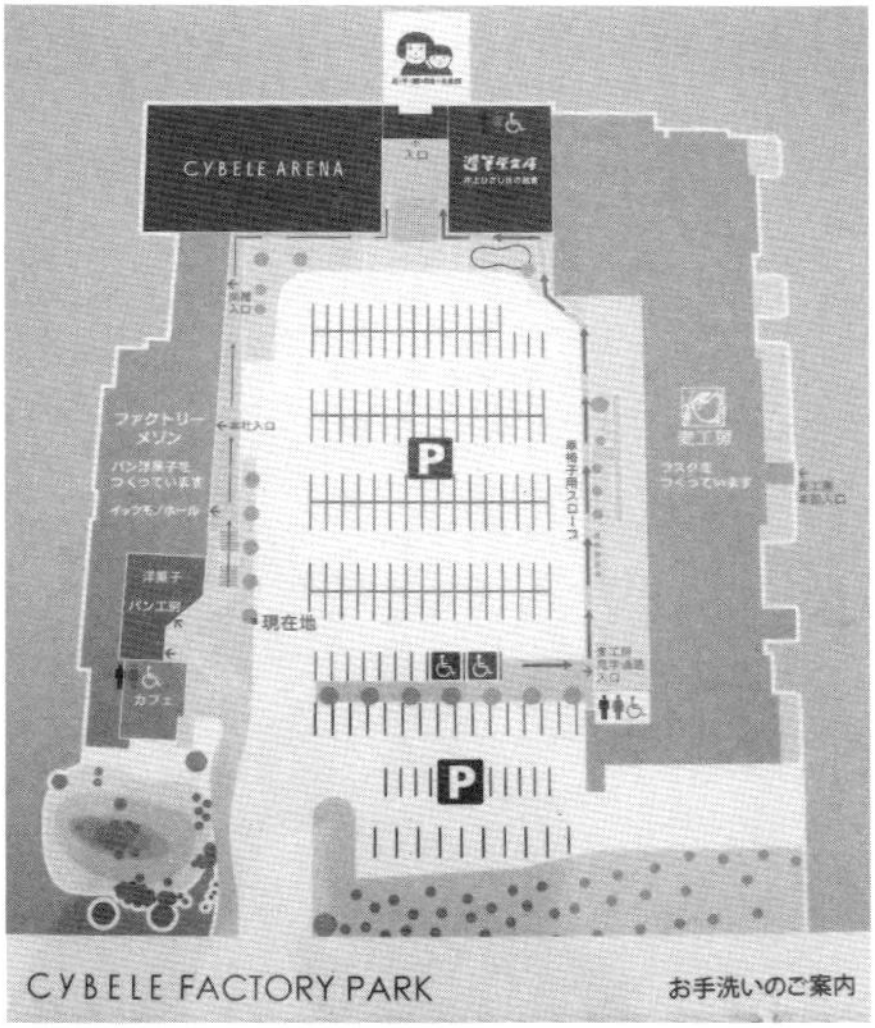

シベールファクトリーパーク

かってはフランスパンの残り物を加工して作っていた「ラスク」。近年は、アチコチでとても美味しいラスクに出会うことが多くなった。ラスクは洋菓子の中で新たな位置を占めるようになってきた。それを切り拓いたのは山形市のシベールであった。シベールの山形市寿町店で始めてラスクが店頭に登場したのは一九七七年五月、それから二八年を経た二〇〇五年七月、ほぼラスク一本でシベールはジャスダック市場に上場するまでに至った。

そして、二〇〇八年、創業者である熊谷眞一氏（一九四一年生まれ）は、山形市郊外の現在地に六五〇〇〇坪の土地を取得し、洋菓子をベースにした興味深いファクトリーパークを展開、私財を投じてアリーナ（劇場）、そして、井上ひさし氏の蔵書をベースにする遅筆堂文庫山形館を設置、年

シベールファクトリーパークのファクトリーメゾン

間、六〇万人も集まる施設に進化させていた。

この取り組みに対して、井上ひさし氏は以下のような小文を寄せていた。「利益が生まれたときはその一部を社会に提供する。それが社会によって生かされてもいる企業の責務である。つまりどのような会社であれ一人ぽっちで立っているわけではなく、社会といっしょに生きているのだという哲学。このシベールの哲学が、アリーナ（劇場にもなる）と図書館を合わせ持つ複合施設を誕生させることになった。金もうけ第一主義と自分さえよければいい主義が全盛の昨今には珍しい奇蹟である。……この奇蹟が永く輝きつづけて日常そのものになり、この国に欠かせない社会共通資本になるためには、その最終最大の決め手は、みなさまの参加である」。

（左）麦工房内のラスク生産工程　（右）シベールアリーナ（左）と遅筆堂文庫山形館（右）

五年で一〇倍の売上を達成

このシベールの創業者の熊谷氏の生家は和菓子屋であったが、一一歳の時に洋菓子で身を立てることを決意している。熊谷氏は山形市立商業高校を卒業、仙台、東京で修業した後、一九六六年、山形市でわずか間口一間のガレージでスタートしている。名画「シベールの日曜日」に感動して店の名前とした。「山形にパリの味を」を目指した。

一九七七年五月、パンの製造を開始し、残り物のフランスパンでラスクを作り店頭で販売を始めた。このラスクの評判が良く、良く売れた。そのため、ラスク用のフランスパンを製造し、一九九四年六月、世界で始めて進物用「ラスクフランセーズ」として通信販売をスタートさせている。当時のシベールのラスクは四種類、大缶四八袋（九六枚）で三二〇〇円とし、当時手元にあったお客の名刺約三〇〇枚のうち、顔のみえる一〇〇人の方にサンプルとして送った。そのうち、三〇人から注文を得ていく。ここがシベールのラスクのスタートであった。

ラスクの価格帯は贈答用としては低く、個人需要をターゲットにしている。口コミによる「そよかぜマーケティング」とされていた。

シベールのラスクが大きく飛躍するキッカケになったのが、一九九七年七月のＴＢＳテレビの「はなまるマーケット」、宝塚女優の剣幸《つるぎみゆき》さんが紹介してくれた。翌八月には、ラスクの売上額が年間一億円を突破する。その頃、現在地を取得し、ファクトリーパークの第一弾として、一九九九年一一月にはラスク専用ラインの「麦工房」を稼働させている。二〇〇二年に入る頃には、毎月のように雑誌に採り上げられていった。二〇〇二年八月にはラスクの売上が一〇億円を突破していく。五年で一〇倍になっていった。

一日二万本のフランスパンを焼き、売上額は三六億円に

シベールのラスクの最大の特徴は、フランスパンの残り物で作られていたラスクを究め、美味しいラスクのためのフランスパンを製造していることにある。材料はカナダ産、アメリカ産の小麦、甘塩、フランスパン酵母、それに水を加えて練る。二五℃で約三五〇グラムに切り取り、丸めて一次発酵させる。焼成は約三五分、一晩寝かせて五三センチのフランスパンから五〇枚に切り分ける。さらに、特製のシャトーバターをぬり、味付けしトンネルオーブンで三〇分。これで完成し個包装される。プレーン、ブルーベリー、ショコラ、メープル、アップル、ガーリックの基本六種類が生産されていた。注文があってから生産に入るために在庫を入れる倉庫を持たない。フレッシュローテーションといっていた。一日に生産するフランスパンは二万本ほどになる。

現在、工場は山形に二カ所、さらにバームクーヘン工場が仙台にある。販売店は山形に一二カ所、仙台八カ所、東京二カ所（南青山、立川）、そして、名古屋と富山に各一店舗展開していた。全国に二四店舗であった。売上額は二〇一三年八月期で約三六億円。通販と店舗販売が半々であり、製品別ではラスクが四〇％、パン類が二〇％、洋菓子その他が四〇％という構成であった。レストランは山形のファクトリーパークの中と、さらに山形市、仙台市にも展開していた。従業員数は約五〇〇人、大半は女性であった。

地域文化を豊かにしていくものとして進化

一九九九年に看板のラスク生産工場である麦工房が完成し、その後、パン・洋菓子工場のファクトリーメゾン、販売店、カフェ棟を完成させ、さらに、二〇〇八年にはシベールアリーナ、遅筆堂文庫を完成させた。アリーナは五〇〇人収容の多目的ホール、遅筆堂文庫山形館は、山形県川西町出身の井上ひさし氏の蔵書二五万冊のうち三万冊を所蔵している。残りの二二万冊は川西町の遅筆堂文庫本館に所蔵されている。この山形館は一般に開放されていた。このアリーナ、遅筆堂文庫山形館は、熊谷氏がジャスダック市場上場による創業者利益を投入したものであり、公益財団法人の弦地域文化支援財団が運営していた。

創業者の熊谷氏は二〇一〇年に社長を譲り、西蔵王の地で野草園と農園レストラン「ポラーノ」の開設に向けて力を入れていた。和菓子屋に生まれ、洋菓子を志し、それまでフランスパンの残り物の副産物とされていたラスクに新たな命を与えてきた熊谷氏とシベールは、ラスクを日本発の洋菓子として定着させ、そして、魅力的なファクトリーパーク、アリーナ、遅筆堂文庫山形館を展開、さらに蔵王の自然の中に農園レストラン「ポラーノ」を建設するなど、人びとを楽しませるものとして進化しているのであった。

【より深くとらえるための本】

第２１１話と同じ。

II 中山間地域の新たな取り組み

秋田県三種町（旧山本町）で，水稲とじゅんさいの複合経営に取り組む「安藤食品」。5月下旬，じゅんさいの採り入れが始まる。

はじめに

かなり前の時代から「条件不利地域」とされてきた中山間地域、一世帯あたりの耕地面積は狭隘であり、一九六〇年代以降の経済の高度成長期の頃には、多くの若者を都市の工業地帯に送り込んできた。その頃から、人口減少と高齢化が進んでいくが、一九九〇年前後のバブル経済以降、再び人口を流出させている。高齢者ばかりが残り、集落は静まり、そして、耕作放棄地が拡がり、猪や猿などによる獣害も増えている。中山間地域は若者の流出、人口減少、高齢化が際立ったものになりつつある。

このような中山間地域の現状に対し、近年、集落営農や大規模受託経営といった大規模化が一方で進み、意欲的農家による付加価値の高い部門への展開、さらに、IT技術を使った取り組みも開始されている。さらに、これまで家に閉じ込められていた農山村の女性たちによる農産物直売所、農産物加工、農村レストランなども拡がってきた。一九九〇年代中頃からブレークしたとされる農産物直売所、農産物加工、そして、それらに従事している農村女性起業は農山村に新たな可能性を導いている。そこに携わっている女性たちは輝いているようにみえる。ただし、若い人の姿は乏しい。

そして、このような動きはあるものの、それでも人口減少、高齢化の動きは大きく、全体的な傾向としては耕作放棄地の増加、人びとの暮らしを支える商店、サービス業の閉鎖が一気に進んでいることが指摘される。そのような状況に対して、買い物の機会を失った高齢者の方々を「買い物難民」「買い物弱者」といった言葉で語る場合が増え、人びとをさらに不安な気持ちにさせている。

そのような中でも、中山間地域をベースに新たな産業化の取組みも開始されている。農業における大規模経営、花卉栽培（園芸）、無農薬栽培、ＩＴを利用した新たな農業の取組み、また、和食ブームで注目される伝統的な食材の栽培などがみられるようになってきた。さらに、糞尿害に悩む畜産地帯では、それを新たな製品に変えようとする循環型の事業も具体化しつつある。これらの取組みは、中山間地域のこれからに大きな勇気を与えている。

かつてこれらの中山間地域には一九六〇年代以降、大量に繊維・縫製などの企業が都市から進出していたものだが、現在ではその影は薄くなっている。そのような中で、新たなタイプの繊維・縫製企業が生まれ、あるいは進出し、新たな可能性をみせ始めていることも注目される。現在、日本の繊維製品の九〇％以上はアジア・中国からの輸入とされているのだが、従来とは異なった付加価値の高い独自製品を提供する新たな企業が登場しつつある。それは、成熟社会における新たな可能性を示すものとして注目されるであろう。

人口減少、高齢化の際立つ中山間地域において、一方では「買い物弱者」等の問題への取組みが始まり、他方では成熟社会の一つのあり方として可能性のある新たな事業も取り組まれているのである。

第220話

栃木県益子町

無農薬野菜をレストランに夜間直送
——独自の栽培法と販売法に展開「川田農園」

逆風突破の鍵 KEY to BREAKTHROUGH

新たな発想で農業に向かう

❶ 水稲に傾斜し、また、化学肥料に依存してきた日本の農業は大きな転換期を迎えている。多様な野菜栽培、有機農業、無農薬農業が注目されている。特に、無農薬栽培は「虫」との戦いとされ、本格的に取り組まれているケースはほとんどない。このような事情の中で、娘のアトピーを直すため一人の若者が「無農薬栽培」に取り組んできた。

❷ 農業に参入した当初、周囲にあてにされず、農地の確保に苦慮したが、次第に信頼を得て、現在では一〇ヘクタール規模に拡大している。狭い面積では作物が「虫」にやられるが、大規模の面積であれば真ん中の八〇%は被害がないという考え方に立ち、興味深い成果を上げてきた。

❸ また、販売方法は口コミで拡げた東京都心などの意識の高いシェフと交流し、夜間のうちにレストランの冷蔵庫に届けるというスタイルを形成してきた。さらに、従業員の独立創業を促し、全体としての規模の拡大、栽培作物の種類の増加を目指していた。また、現在は野菜の供給だけだが、自前の「無農薬」レストランの経営も視野に入っているのであった。

千葉県北部、茨城県南部、そして群馬県、栃木県といった北関東の農業地域は、首都圏の台所とされ、野菜の栽培が盛んであり、量販店やレストランとの契約栽培に従事している場合が少なくない。栃木県益子町、陶芸の里として知られているが、その郊外の中山間地域で無農薬栽培に従事し、興味深い成果を上げている若者がいた。

独自な無農薬栽培を行う

㈲川田農園の経営者、川田修氏（一九七一年生まれ）は、益子の農家の出身、中学生の頃まで農業を手伝わされ、嫌でしかたがなかった。高校一年の夏に中退、一八歳で結婚している。四五歳で既に孫が二人いる。二一歳からトラックの運転手となり、夫人と子どもを抱え必死に働いていたが、娘がアトピーになり、二六歳で故郷に戻る。実家はすでに農業を止め、運送業になっていた。当初、それを手伝っていた。

三〇歳の時に「娘に、自分の作った農作物を食べさせたい」として、嫌いであった農業に踏み込んでいく。当初から「無農薬栽培」を意識した。栃木県の農業試験場に相談に行っても「無農薬は教えられない」といわれ、また、周辺の耕作放棄地を借りようとしても誰も貸してくれなかった。全て自分でやるしかなかった。見よう見まねでハクサイ、ダイコン、トマト（ハウス）で小規模にスタートし、次第に周辺からの信頼も生まれ、その後、耕作放棄地を借りまくっていった。二〇一四年三月現在、その面積は中山間地域で一〇ヘクタールにまで拡大している。

　現在では、周辺から「ウチの畑を借りてほしい。使ってほしい」といわれている。二〇一四年度は面積が一八ヘクタールにまで拡大する見通しであった。実際、現在の一〇ヘクタールのうち、賃借料を払っているのは一・五ヘクタール分だけであり、他の八・五ヘクタールは、無償に近い。なお、賃借している場合は、一〇アールあたり年間、三八〇〇円を支払っていた。この賃借料は益子町の取り決めの額とされていた。

川田修氏

　現状、露地栽培が九ヘクタール、ハウスが一ヘクタールであり、年間約一八〇種の野菜を栽培している。冬季の三月でも四〇種類を栽培していた。この時期でも、カブ、ダイコン、ニンジンなどの根菜類も露地で栽培していた。一一月に種を蒔き、土と不織布をかけて越冬させる。三月には収穫できる。
　なお、川田氏の無農薬栽培は独自なものである。例えば、キャベツの場合「一〇〇〇株を植えると虫がついて全滅するが、一万株を植えると外側の二〇〇〇株は虫にやられるが、中の八〇〇〇株は大丈夫」という考え方であった。ユーザーのシェフたちには、そのような事情を公開し「無農薬」であることを理解してもらっていた。

出荷準備

夜間にレストランに配達

当初、販売先として直売所、個人を対象にしていたが、その後、レストランとの付き合いが始まり、現在では直売所、個人は対象にしていない。なお、レストランとの付き合いは、初年度に東京渋谷のレストランとの出会いがキッカケになり、その紹介でその年のうちに東京都内で八店舗との付き合いに拡がった。現在では納入しているレストランの数は一三八店にのぼる。東京が九五％であり、遠くは大阪もある。個人店に加え、京王、藤田観光等のホテル内レストランにも入れていた。

野菜は鮮度がポイントと考え、独自な納入方法を採っていた。当方から提供できる野菜のリストを各店にＦＡＸで送り、注文書をＦＡＸで受け取る。必要な野菜を採取して、店別にコンテナに仕分けする。遠方の宮城県、大阪などには一八時の宅配便に載せると翌日の午前中に着き、ランチに提供できる。

そして、東京都内の主要得意先については自社便（二トンの保冷車）で対応していた。週に三回、男性従業員が交代で、一八時から一九時の頃に出発し、夜の間に配送する。高速道路の池袋インターでおり、新宿、千代田区、日本橋、銀座、麻布十番、六本木、渋谷、恵比寿、三軒茶屋、二子玉川、砧、吉祥寺、三鷹と回り、約四〇店舗に夜間のうちに配達していた。納入先からは鍵を預かっており、開けて冷蔵庫に格納してくる。

川田氏は「東京に行かないとわからない。人と人のつながり、いろんな野菜を写真をみて覚える」と語っていた。また、取引しているレストランのシェフに対しては、一年に一度は農場に来なければ付き合わないとしていた。畑に入って作業をしてもらい、多様な野菜をどのように扱うかを求めていた。丁寧に作られた無農薬野菜を媒介に、生産者と料理人との情報交換の場としていた。

出荷準備が整った野菜

このようなやり方を採り、初年度の売上は八〇万円であったが、その後、倍々の売上増となり、五年目頃からは売上額五五〇〇万円ほどで安定していった。原発事故の時は二年間ほど売上額が一〇〇〇万円ほど低下したが、三年目からは戻っていた。現在の従事者は川田夫妻と長女に加え、従業員は一四人（男女半々）を数えていた。

新たなステージに向かう

このような独自なやり方をとっていることから、地元との付き合いは全くない。ＪＡ、商工会にも入っていない。取引銀行は地元の足利銀行、栃木銀行だが、一度も赤字を出したことがなく、信頼されている。独特な無農薬栽培に入って一二年、川田氏の次のテーマは、直営のレストラン事業の展開、そして、従業員の独立創業とされていた。

レストラン事業は宇都宮市のやや郊外をイメージし、しばらくは東京から料理人を呼んで指導を受けていく。野菜は一〇〇％自前、肉、魚の類は、料理人たちの独自の調達ルートを提供してもらうというものであった。二〇一四年八月上旬に開店の予定であった。当面は一店舗だが、将来的には宇都宮に二店舗（ＪＲ線の東西に）をイメージしていた。六次産業化が意識されていた。

もう一つの従業員の独立創業については、既に二人ほど独立させていた。元々、川田農園に入ってくる人は、無農薬栽培で独立しようとする人びとである。現在の従業員のうち六人ほどは独立意欲も高く、それを支援していく構えであった。一般的に、農業で独立していくためには初期投資が一〇〇〇万円ほどかかる。益子の農地の現状からすると農地の確保は問題ない。販売先は川田農園のルートを使う。川田農園とすれば、生産力の拡大、栽培品種の拡大が期待される。つまり、独立環境は整っているのであろう。

現状、取引先の各レストランが使っている野菜に対して、川田農園のシェアは二五％程度である。

さらに種類を増やし、各レストランの中の野菜のシェアを五〇％にすることを目指していた。意識の高いレストランに完全無農薬の野菜を提供する供給力のあるあり方をイメージしていた。レストラン事業の展開、従業員の独立創業も、そのような文脈の中に位置づけられている。若い頃からエネルギーがあり、三〇歳で就農し、川田氏は独自の世界を切り開いているのであった。

【より深くとらえるための本】

関満博『「農」と「食」のフロンティア』学芸出版社、二〇一〇年

関満博・松永桂子編『農商工連携の地域ブランド戦略』新評論、二〇〇九年

第221話

島根県吉賀町(旧六日市町)

山間地で大規模受託経営
——後継者も入る家族経営「サジキアグリサービス」

逆風突破の鍵
KEY to BREAKTHROUGH

集落営農の先進地で大規模受託経営に向かう

❶ 近年の日本農業をめぐる大きな特徴は、農家の高齢化、後継者難、耕作放棄地の大発生という点であろう。このように事態に対し、各地で興味深い取り組みが重ねられている。一つは「集落営農」というものであり、効率的な生産、あるいは中山間地域の集落の維持を意図して推進されている。もう一つは「大規模受託経営」というべきもので、特定の専業農家(集団)が農地を大規模に集約し、企業的に耕作していくものである。

❷ 島根県西部の石見地方の山間部は、農家の高齢化、後継者難が際立ち、集落を維持していく一つの方法として「集落営農」が早い時期から開始されていた。だが、石見地方の一角にある吉賀町のあたりは、耕作放棄地が増加しているにも関わらず、集落営農の動きもなかった。そのような事情に対して、大規模受託の専業農家が登場してきた。

❸ そして、大規模受託が軌道に乗るに従い、後継者も参加し、さらに事業的に展開するものとして、農産物加工も意欲的に取り組まれていた。事業的展開を意識し、付加価値の向上、通年の事業展開を意識し、加工まで踏み込む六次産業化が深く追求されているのであった。

島根県吉賀《よしか》町、二〇〇五年一〇月、旧六日市町と柿木村が合併して成立した。広島県との県境にあり、典型的な中国山地の中山間地域を形成している。県庁所在地の松江までクルマで二時間三〇分、むしろ広島市は一時間三〇分ほどとはるかに近い。広島経済圏の中にある。また、中国縦貫自動車道のインターチェンジがあり、広島方面の自動車関連企業（ヨシワ工業）の進出もある。兼業機会にも恵まれている。そして、近年、農家の高齢化と後継者不足が進み、離農、耕作放棄、さらに農地の集積が始まっている。

旧六日市町の大字真田の周辺で、山間地であるにも関わらず、約三三ヘクタールを集積し、さらに、米粉を利用したせんべい等の加工品にまで展開し始めている大規模受託経営のサジキアグリサービスがあった。

機械共同利用、営農組合、そして有限会社化

㈲サジキアグリサービスの「サジキ」とは、集落の地名に由来する。このあたりは大字真田の桟敷地区とされ、世帯数一一戸、農家数八戸、人口四〇人、水田面積一一ヘクタールからなっていた。一九七二年から七四年の冬季に圃場整備を行い、基本的に二〇アール（二反）に整えた。この圃場整備は旧六日市町の範囲では最初の取り組みであった。ただし、圃場整備の頃は農家が一四戸ほどあったのだが、高齢化と後継者難により、現在では八戸に減少している。

（左）茅原貴之氏（左）と茅原忠夫氏　（右）格納されている農機群

このような事情の中で、一九七七年、農機の共同利用を目指していく。乾燥機、トラクター、コンバイン、籾摺機を入れることにした。当時、大半の農家は「ブルトラ」といわれた小さなトラクターを保有しており、参加を見送る場合が多く、結果的にブルトラを保有していなかった三戸でスタートした。耕作面積は三ヘクタールほどであった。この規模では採算が合わず、親戚の土地などを集積しながら進めていった。乾燥・調整などの作業受託からのスタートであった。

その後、三人のうち二人がサラリーマン化し、茅原忠夫氏（一九四六年生まれ）が主としてやるようになっていく。当時、茅原氏も六日市町の工場に勤めており、夜勤を選び、昼に乾燥・調整などの仕事をしていった。その後、このような作業受託も、稲刈、田植へと進んでいった。

一九九三年には勤めを退職し、農業専業に向かっていく。当時、六五歳で離農すると一〇〇万円の離農資金が提供されており、離農者の田を借りて増やしていった。一九九六年には先の三人の名義により営農組合サジキアグリサービスを設立している。二〇〇一年には㈲サジキアグリサービスに組織替えし、翌二〇〇二年にはＪＡに勤めていた子息の茅原貴之氏（一九七二年生まれ）を辞めさせ、二人で役員に任じた。営農組合から出発し、茅原家の個人営業の有限会社となった。二〇〇四年には認定農業者となっている。

作業受託を含め、山間地で約五〇ヘクタールを集積

二〇〇〇年の頃は経営面積は一〇ヘクタールほどであったが、現在、三二・七六ヘクタールに達している。当初の乾燥・調整の作業受託から始まり、その後、稲刈、田植、草刈りへと拡がっていった。そのうち、高齢化し作業者のいない農家から「田を預かって欲しい」ということになる。そうした傾向は吉賀の場合、一九九六年の頃から目立っていった。その結果、現在では先の約三三ヘクタールの集積に加え、作業受託延二八ヘクタールとなっている。全体で五〇ヘクタールを超える規模となった。

田を預かっての小作料は、一〇アールあたりコシヒカリ三〇キロであった。預けてくる農家によっては「いらない。農地を保全して欲しい」という場合も少なくない。中には、農業後継者がおらず、「孫が成長する二〇年後まで無償で預かって欲しい。その後の判断は孫に任せる」という場合もあった。先祖代々の土地を理由に流動性に乏しかった農地も、近年の高齢化、後継者難により、この一〇年から二〇年で一気に流動化していくことが予想される。なお、作業受託の場合、稲刈、田植えの場合は一アールあたりの料金を決めている。また、乾燥・調整の場合は一袋あたりの料金としていた。

現在の従事者は茅原夫妻、子息に加え常時雇用（女性）三人、さらに繁忙期には六〇代の男性四人

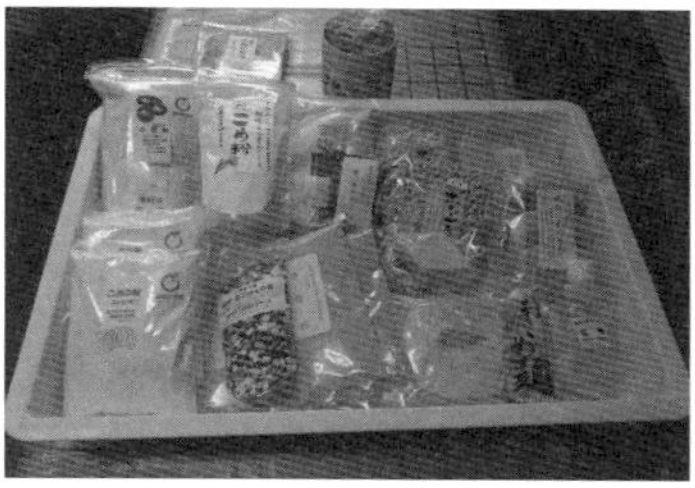

（左）サジキアグリサービスの加工品

圃場集積の状況

大字名	圃場提供者数	圃場筆数	合計面積
真田	18 戸	87 筆	1055.0a
抜月	11 戸	22 筆	437.2a
七日市	3 戸	6 筆	119.1a
下高尻	3 戸	11 筆	148.0a
上高尻	10 戸	35 筆	493.8a
朝倉	10 戸	20 筆	479.5a
注連川	2 戸	6 筆	183.7a
田野原	8 戸	24 筆	378.8a
計	65 戸	211 筆	3295.1a

（右）サジキアグリサービスが集積している圃場

を雇用していた。作業受託を除いた約三三ヘクタールの品種別作付面積は、水稲五八％、蕎麦二六％、大豆一一％、小麦六％であった。作業受託を含む売上額四八〇〇万円の内訳は奨励金等が三五％、水稲三一％、作業受託一七％、加工一〇％、蕎麦四％、大豆二％、小麦一％であった。全体的な傾向として加工が増えていた。

加工への参入は小麦が売れないことから考え、二〇〇七年に加工場（七六平方メートル）を設置して夫人が取り組んでいる。米粉は外に委託しているが、煎餅類は自前で加工していた。これらは道の駅や一部は商社を通じて京都、大阪のデパートにも出していた。作業受託から大規模集積、さらに加工への展開と、吉賀町の先導的な農業法人として歩んでいるのであった。

大規模集積に向かう山間地の農地

約三三ヘクタールの集積した圃場は、旧六日町の範囲で拡がっている。詳細は表のようだが、旧六日市町の範囲では八つの大字に拡がり、圃場提供者は六五戸、圃場筆数は二一一筆ということになる。一番遠いところで

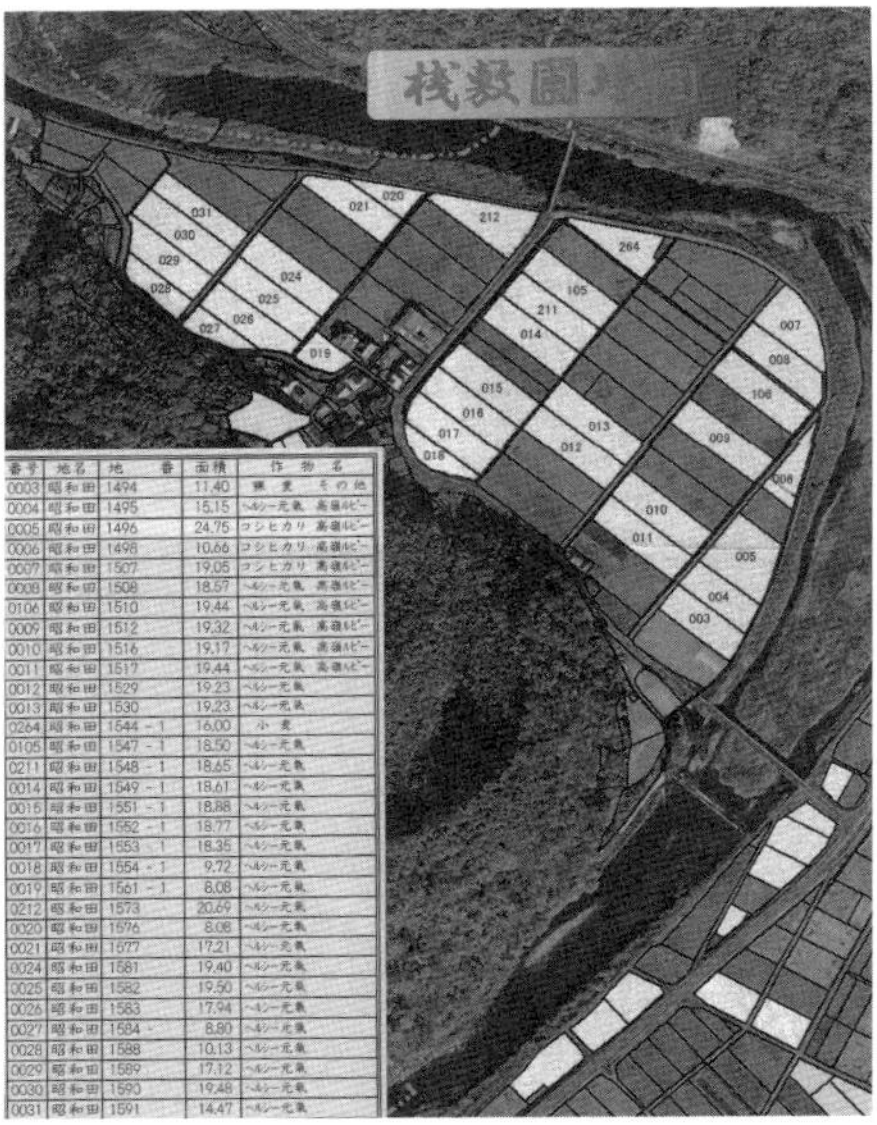

サジキアグリサービスが栈敷地区で集積した農地

は二〇キロほど離れている。道路にトラクターの土は落とせないことから、大型トラックに載せて移動していた。また、これだけ拡がってくると間違いを起こすこともある。かつて、間違って他人の田の刈り入れをしてしまったこともあった。現在はGPSを使った田の管理システムを導入していた。

栈敷地区を含む大字真田の範囲では田は六〇ヘクタールほどあり、農家数は七〇戸ある。その多くは高齢化し、後継者もいない。島根県は集落営農の先進県なのだが、吉賀町の範囲では集落営農は行われておらず、やっと「やるか」の機運が盛り上がってきた段階であった。二〇一四年三月にはようやく大字真田の範囲で「話し合いの場」が持たれることになった。

集落営農と大規模受託経営、このいずれも高齢化、後継者難に悩む日本の農業の次のスタイルとなる。特に中国山地で拡がった集落営農（中国山地型）は「集落の維持」が主たる目的となり、限られたオペレーターにより農地が守られていく。これに対し、大規模受託経営は力のある（後継者のいる）専業農家（あるいは専業農家集団）により、耕作放棄地の解消、大規模経営が目指される。どちらを選択するかは地域の事情による。

高齢化が進み、後継者も期待できない状況の中で、流動化しにくかった日本の農地も、ここに来て一気に動いていくことが予想される。その受け皿として、集落営農、大規模受託経営が機能していくのであろう。その先駆的なものとして吉賀町では、サジキアグリサービスが存在しているのであった。

【より深くとらえるための本】

楠本雅弘『進化する集落営農』農山漁村文化協会、二〇一一年
関満博『「農」と「食」のフロンティア』学芸出版社、二〇一一年
関満博・松永桂子編『集落営農／農山村の未来を拓く』新評論、二〇一二年

第222話

秋田県三種町（旧山本町）

和食の高級食材「じゅんさい」の栽培
――水稲とじゅんさいを軸にする複合経営「安藤食品」

逆風突破の鍵
KEY to BREAKTHROUGH

複合経営に向かう「じゅんさい」農家

❶ 農業は季節性が強く、水稲の場合は四月から一〇月の初め頃の約半年間の仕事となる。また、戦後の高度成長期以降は、兼業機会が増えたことから、機械化の体系の整っている水稲を軸にした兼業農家が増えていった。他方、農業の専業を意識するならば、通年の仕事を作り上げていく必要がある。兼業農家が圧倒的に拡がっている中で、専業農家の複合経営が課題にされている。

❷ 秋田県北部の三種町、高級和食食材の「じゅんさい」の日本最大の産地として知られている。特に、水稲からの転作が課題とされた一九六九年頃から、田からの転作として取り組まれた。現在では約二四〇戸が取り組んでいる。その中で、事業的に取り組んでいるのは八社であった。

❸ 安藤食品は三種町の農家であり、水稲一六ヘクタールに加え、じゅんさいの栽培に従事している。四月から一〇月までは水稲だが、五月下旬から八月中旬の間はじゅんさいの採取・加工に従事、一〇月から一二月まではきりたんぽ加工、そして、一月から三月はじゅんさい池の整備という通年の複合経営にしていた。当主夫妻に加え後継者も入り、じゅんさいの採取期には周辺の農家夫人をパートタイマーとして起用するという、地域の事情を背景にした循環を形成していた。

葉の下にじゅんさいの若芽が潜む

「じゅんさい（蓴菜）」といえば、秋田県の特産物であり、高級和食食材として知られている。このじゅんさい、澄んだ淡水の池沼に生育する多年生の浮葉植物であり、ハゴロモモ科（ジュンサイ科、あるいはスイレン科）に属する。北海道から沖縄まで分布していたが、すでに多くの地域で絶滅している。海外でも東南アジア、インド、アフリカ、オーストラリア、アメリカなどに分布している。食用に用いているのは日本と中国ぐらいである。

ハスと同様の葉のつけ方をしており、円形の葉を水面に浮かべる。地下茎は水底の泥の中にあり、三〇年ほど持つが、栽培しているところでは時々根切りの必要がある。地下茎から茎が伸びて、茎から葉柄を伸ばし、その先に若葉を付ける。芽や若葉の裏面に寒天質の粘膜を覆うが、この若葉の状態のものが食用に用いられる。季節は五月中旬過ぎから八月中頃とされている。鍋料理、酢の物等として食される。酢に漬けておけば数年は持つとされている。

全国の半数程度の府県ですでに絶滅種となり、現在、食用として採取されているのは秋田県、北海道、山形県、新潟県などであり、そのうち秋田県が九〇％程度を占めている。その中でも大半は秋田県北の三種町《みたね》（旧山本町）とされている。三種町は二〇〇六年三月、山本郡の琴丘町、山本町、八竜町が合併して成立したものであり、「三種」の名称は旧三町を流れる三種川に由来する。面積二四八平方キロ、二〇〇〇年の人口（国勢調査）は二万二一一二人から、二〇一〇年は一万八八七九人へと、一〇年間で三二三三人の減少（減少率一四・六％）となった。

じゅんさいのまち「三種町」

この三種町周辺で事業的にじゅんさいの採取が始まったのは一九三四（昭和九）年頃からとされている。池沼に自生していたじゅんさいを採取していた。本格化するのは水稲からの転作が課題とされ始めた一九六九年頃からであり、田からの転作として取り組まれた。田の底を耕し、堆肥と農業用水を入れてじゅんさいを植えた。澄んだ水が必要なことから農業用水を循環させている場合が少なくない。採取は若葉の時期であり、五月下旬から八月中旬に及ぶ。丁度、水稲の田植後の農閑期にあたる。一畳ほどの広さの箱型の小舟に乗り、深さ六〇センチほどの池沼を棒で移動しながら、一つずつ採

（左）じゅんさいの採り入れ　（右）じゅんさいの館に並べられる朝採りのじゅんさい

取していく。じゅんさいは密生しているのではなく、まばらに茎から伸びており、ベテランたちは浮葉の様子からあたりをつけて採取していく。人により生産性は著しく異なり、技量の高い人は一日九〇キロも採るが、少ない人は三〇キロほどにとどまる。

三種町及びその近隣でじゅんさいの栽培を行っている農家は約二四〇戸、そのうち会社形態になっているところは八社であった。会社形態の場合は生産量も多く、販売先も有力なところを押さえている。個人の農家の場合は、町が設置した農産物直売所である「じゅんさいの館」にシーズンには「朝採り」などの名称で直売している。二〇一四年の場合、一〇〇グラムで一〇〇〇円が相場であった。これが秋田市内に行くと二倍になる。

米、じゅんさいの栽培と加工の複合経営

㈱安藤食品は三種町森岳の農家であり、安藤賢蔵氏（一九五三年生まれ）夫妻、子息の安藤賢相《けんすけ》氏（一九八〇年生まれ）の三人を中心にしている。じゅんさいの採取の時期には周辺の多くの農家女性をパートタイマーとして雇用している。水稲農家は田植えの終わった頃である。じゅんさい

じゅんさい池を背景に、安藤賢相氏

は生出荷に加え、酢に漬けておくと二年ほど保存が効く（加工じゅんさい）。採取したじゅんさいは加工場で水洗、ビニール袋詰めされていく。

安藤食品の場合は、水稲一六ヘクタール（ほぼ自前の農地。〇・六ヘクタールは借りている）、大豆も生産している。米はかなりの部分を「きりたんぽ」用に加工（成形、焼き上げ）する。したがって、安藤食品の一年は、四～五月は田植え、五月下旬頃から八月中旬までじゅんさいの採取・加工、八～九月は防除等水稲の管理、九月末から稲の刈り入れ、一〇月中旬から一二月まできりたんぽの加工、一月から三月はじゅんさい池の整備等となる。ほぼ通年の事業として構成されていた。

じゅんさいの販売は、専門の食材問屋がおり、そこに依存する。米のかなりの部分はきりたんぽ加工され、これも専門の食材問屋を中心に販売されている。安藤食品規模になると、じゅんさいもきりたんぽも「じゅんさいの館」に出すことはない。米もほぼ決まった販売先（知り合い、業者）がありＪＡに出すこともない。大豆だけはＪＡに出していた。水稲とじゅんさいは季節的に重ならず、加工まで含めて通年の事業化が可能なものになっていた。安藤氏のような意欲的な農家は農地の集積、水稲の大規模栽培に加え、じゅんさいの栽培といった一次産業部門に加え、じゅんさいの加工、米のきりたんぽ加工にも従事し、通年の複合経営の形をとっているのであった。

じゅんさいの里をさらに豊かに

現在、三種町の範囲で五戸の農家が「じゅんさい摘み採り体験」を実施している。五月から八月の九時から午後四時頃までであり、大人一八〇〇円、子ども一〇〇〇円であった。摘み採ったじゅんさいは持ち帰っていた。また、本格的な「じゅんさい料理」の提供はされていないが、町内の三カ所ほどで「じゅんいごはん」「じゅんさいそば」などが提供されている。

安藤食品の後継者である安藤賢相氏は、摘み採り体験に加え、じゅんさいを軸にした郷土料理のレストランにも関心を寄せていた。北東北の農村風景の中で、池沼でのじゅんさいの摘み採り体験、郷土料理の提供は人びとの関心を呼ぶのではないかと思う。地域的な特色を背景にする転作の方向として「じゅんさい」への進出、そして、加工を含めた複合経営、法人化と進めてきた安藤食品は、全国的に絶滅種となってきたじゅんさいの里の担い手として、じゅんさいが豊かに芽生える環境を大切にしながら、人びとに楽しみを提供していくことが期待される。

【より深くとらえるための本】
第220話と同じ。

第223話

大分県佐伯市

炭焼き、養豚から、花卉、トマト栽培に向かう
――一七歳で引き継いで基盤を形成「みらい園芸」

逆風突破の鍵
KEY to BREAKTHROUGH

水田地帯に魅力的な空間を形成

❶ 米を基軸にしてきた日本の農業も、近年、大きく変わりつつある。ハウスによる花卉栽培、トマトなどの野菜の生産が進み、それらは米と違い「専業」で行われている。花卉栽培も野菜栽培も経験を深める中で、差別化が強く意識され、付加価値の高い少し変わった作物の栽培への関心を深めている場合が少なくない。

❷ 大分県佐伯市、背後地は広大な森林に囲まれ、林業が盛んであった。炭焼きを家業にしてきた先代が、六〇年代の石油に向かうエネルギー転換に直面し、養豚、さらにハウス栽培に転換していく。一七歳で家業を引き継いだ若者は、ハウス建設のため父が残した大きな借金を抱えながらも、鉢物とトマト栽培に向かい、十数年をかけて事業基盤を固いものにしてきた。

❸ 次の課題としては、花卉のハウス栽培という魅力的な空間をベースに、直売、加工、さらに飲食の提供などが意識されている。それは成熟した社会に新たな「豊さ」を提供していくことになろう。大分の水田地帯で若者による興味深い取組みが重ねられているのであった。

米が基幹的な部分であり続けた日本の農業においても、戦前、戦後、高度成長期、さらに近年の成熟社会の到来などを反映し、米以外の領域でも興味深い取組みが重ねられてきた。大分県佐伯市、豊後水道に向かう佐伯湾を擁し、さらに番匠川に沿って広大な森林地帯を抱えている。漁業、稲作、林業が流域に沿って幅広く展開していた。その河口の近く（佐伯市大字長良）の水田地帯の一角に、ハウスによる花卉（鉢物）栽培を行っている「みらい園芸」が立地していた。

一七歳で家業を引き継ぐ

現在の当主は御手洗大悟氏（一九七九年生まれ）、一七歳で家業を引き継いだとしていた。御手洗氏の祖父の時代は、広大な森林を抱える佐伯の一つの重要な産業は「炭焼き」であった。御手洗家は佐伯の奥の宇目地区に山を所有しており、祖父は宇目に住まいながら炭焼きを生業《なりわい》としていた。日本は一九六〇年代の石油への転換以前は薪炭、石炭がエネルギーの基礎とされ、全国の山岳地帯、森林地帯では薪炭の生産が盛んに行われていた。ただし、六〇年代のエネルギー転換により、薪炭生産は一気に衰微していく。中国山地や沖縄の山原《やんばる》といった薪炭地域は六〇年から七〇年の一〇年間に人口の三分の一を失ったとされている。祖父はその後、山を降りて現在地に近い堅田地区で養豚業（白豚）に転じていった。名称は㈲堅田第二養豚場としていた。

一九五三年生まれの父は、養豚業を嫌い近くの木材関係の会社に勤めていたが、その後、家業に入

（左）みらい園芸のハウス　（右）御手洗大悟氏

り、ハウスによるイチゴやニラの栽培に入っていく。元々、父は花卉が好きであり、花卉栽培への参入を目指していた。一九九六年には大型の鉄骨ハウスを設置し、花卉栽培に本格参入しようとしたのだが、一九九七年、四四歳の若さで急逝した。その時、御手洗氏は高校二年生であった。

鉢物、トマト、大麦の栽培

御手洗氏は当時、佐伯市内の普通高校に通っていたのだが、「切り花でいくのか、鉢物でいくのか」という選択の中で「鉢物」でいくことを決意する。高校卒業後、そのため鉢物の本場である愛知県に二年ほど研修に出ている。当時を振り返って「何もわからずに、鉢物に決めてしまった」と語っていた。

引き継いだ時には、前年に設備したハウスの借金の二〇〇〇万円に加え、その七年前に設置したハウスの借金も残っていた。以前の借金は父の生命保険で返したが、二〇〇〇万円の借金を引き継いでのスタートとなった。さらに、二二歳の時に一五〇〇万円を借りて、自宅を建設している。これらの借金は一五年で返済したと語っていた。「借金は怖くない」と逞しく育っていた。

現在のみらい園芸は、御手洗氏を中心に母、夫人（元看護士）の三人に加え、女性パートタイマー二人、さらに、花卉の出荷時期にさらに三人ほどを臨時で頼んでいた。所有農地は田が八反（うち花卉栽培のハウスが四反半）であり、その他に田七反、トマト（ミニトマト）のハウス栽培用地として三反ほどを借りていた。田は全体で一〇反ほどになるが、ここには大分特産の麦焼酎用の大麦を栽培していた。大麦の出荷額は補助金がついて反あたり八万円ほどである。ただし、米よりも手がかからず、農薬も少なくてすむ。鉢物の栽培は主として御手洗氏と母、トマトは夫人、大麦は御手洗氏が受け持っていた。

母の日狙いの「ベゴニア」の生産

なお、この番匠川河口に近い長良地区は標高ゼロメートル地帯であり、台風時には高潮の影響を受けやすい。父が亡くなった年にはシクラメンの鉢が全滅した。その後も御手洗氏が二〇歳、二二歳の時に高潮による被害を受けている。このような事情から秋から年末に収穫する種類の作物を栽培していくことはリスクが大きい。メインの鉢物のハウスは母の日狙いの

出荷を待つベゴニア

養液を毛細管現象で吸い上げる

五月出荷をイメージしていた。鉢物のメインは主としてベゴニアであった。年末に仕入れた「芽」を「挿し芽」していくところから始まる。ベゴニアは熱帯種であり、「芽」はインドネシア、中南米から送られてくる。メインのベコニアは正味五カ月ということになる。その他の時期にはハウスはあまり使われていない。

現在のベゴニアは品種改良が進み、ブームであった数十年前の家庭の庭に植えられていたものとはかなり異なり、花も大きく、色も一段と鮮やかなものになっていた。現在のベゴニアの鉢物は室内鑑賞用とされていた。

鉢物の販売先は、大分の場合は量が少なくＪＡが取り扱わないため、自前で花卉市場に出すもの、大分市までの範囲の花屋への販売、ネット（楽天）販売、ハウスでの直売、さらに母の日の時期には近くのショッピングセンター（トキハインダストリー）での直売となる。また、トマトの販売先はスーパーのインショップ、道の駅などでほぼ完売していた。大麦はＪＡに取り扱ってもらっていた。

直売、加工、飲食による魅力的な空間の創造の課題

御手洗氏によると、花卉の市場は小さく、ベゴニアばかりでは発展性が乏しく、今後はトマトを拡大していく構えであった。トマトは種類が多く、みらい園芸ではミニトマトの少し変わった品種を採用していた。カンパリトマト、アイコなどであった。トマトのシーズンは一〇月から六月、中心は一二月末から二月とされていた。この時期には、御手洗氏は四時起き、佐伯から大分市までの一〇カ所に配達に向かい、九時には戻ってくる。その後トマトの収穫に入り夕方の一八時には終える。夜の仕事はない。従来はトマトの袋詰めを自前で行っていたが、最近、近くの障害者施設に委託していた。「だいぶ楽になった」と語っていた。

このように、御手洗氏は一七歳の時に大きな借金を抱えた家業を引き継ぎ、鉢物に特化し、さらにトマト栽培に向かっていた。借金の返済も終わり、二〇年近い経験を重ね、花卉とトマトという二本柱を据え、さらに次に向かおうとしていた。花卉もトマトも少し変わったものの栽培、さらに次には直売のウエイトを増し、トマトの加工やトマトを軸にした飲食の提供も視野に入っていた。

この領域では、トマト専業から出発し、直売、加工、さらに農家レストランに展開し、人びとの注

目を浴びている宮城県大崎市のデリシャスファームがある（関満博『東日本大震災と地域産業復興Ⅱ』新評論、二〇一二年、第8章）。農村地帯のハウスの中で直売、もぎ取り、飲食の提供は魅力的な場を作ることになりそうである。丁寧に取り扱われた魅力的な花卉とトマト、その空間の中に新たな可能性が拡がっているようにみえた。

【より深くとらえるための本】
第220話と同じ。

第224話

北海道北見市

精密農業によるトータルフードシステム形成を目指す
──システム会社経営者が農業を変える「イソップアグリシステム」

逆風突破の鍵 KEY to BREAKTHROUGH

幅広い連携により持続的社会の形成に向かう

❶ 経験とカン、そして天気に左右される農業。他方でＩＴ技術が飛躍的に発展している。農業にＩＴ技術の導入はどのようになっているのか。全国を巡り歩いても、ＩＴ技術を徹底利用した農業に出会うことはない。そのような課題に応えようとする取り組みが、北海道北部のオホーツク海に面する北見の地で行われていた。

❷ Ｕターンしてきたジ－ＩＴ技術者が、地元の農業の現状を憂慮し、農業経営全体の中にＩＴ技術、近代経営を取り入れることをイメージし、周囲に語りかけていくが、なかなか進まない。そのためにロードマップを作成し、地域の農業関係者の緩い連携体の形成を目指し、精密農業によるトータルフードシステム形成を提案、関係者を組織化し、株式会社を設立していく。

❸ 徹底したＩＴ利用の農業であり、気象データを基礎にし、土壌分析を行い、生育分析、施肥管理等を実施するものであった。加えて、大豆の効用に着目、大豆、小麦の輪作を提案、さらに、それらの加工品の生産にまで踏み出していた。この取り組みは開始されたばかりだが、多方面から注目され、次のステップに踏み込んでいるのであった。

これだけIT技術が高まり、普及しているにも関わらず、農業分野ではその導入、利用が進んでいるようにはみえない。相変わらず「経験」と「お天気任せ」が続いている。もちろん、「経験」の重要性は高いが、IT技術を組み合わせて新たな可能性の追求も必要なのではないかと思う。北海道のオホーツク海に面する北見の地で、興味深い取り組みが進められている。「持続可能な農業を目指して～情報技術と農業の融合～」「精密農業によるトータルフードシステム」の形成が目指されていた。

IT活用による新たな営農システムの構築

門脇武一氏（一九四九年生まれ）は、北見市の出身、大学を卒業後、NECに入社、三田の本社の電子光管関係の部署に所属していた。当時はアナログからデジタル技術への移行が開始され始めた頃であった。そこにしばらく在籍し、門脇氏は一九八三年、北見にUターンし、一人でソフト開発会社の㈱システムサプライを設立している。当初、北見には仕事がなく苦労したが、以来三〇年、現在では従業員二三人の北見を代表するソフト開発会社となっている。

北見は全国でも有数のタマネギの産地であり、農業が圧倒的に優越する地域であった。情報技術者として地元の農業をみていくと、お天気任せであり、離農も多く、持続的な地域社会形成に問題を感じることが多く、農業の情報化を進め、計数管理していくべきとの認識に至る。このような視点をベースに一九九八年頃から「情報化により、地域課題を解決していこう」と呼びかけるのだが、一過

北見の農地

性の集まりばかりが多く、継続的な動きにならなかった。

そのような反省から、「継続的なロードマップ」を作る必要性を痛感、地元の農業者と交流を重ねながら、毎年、フォーラムを開催、一〇〇人を集めるようになり、二〇〇〇年にロードマップを作成、二〇〇二年には農業者八人、民間企業八社によって、資本金四〇〇〇万円の農業生産法人㈱イソップアグリシステムを設立している。代表取締役社長には門脇氏が就いた。

事業の理念としては「持続可能な社会と自然の共生」「農と食を結んだ担い手との共育」「地域循環社会の創造」を掲げていた。事業内容としては「農業生産販売：小麦・大豆・タマネギ等野菜類」「農業加工販売：大豆・小麦の加工販売」「技術資材販売：情報技術支援・資材販売」としていた。

（左）システムサプライとイソップアグリシステム　（右）門脇武一氏

なお、イソップアグリシステムの「イソップ（ISOPP）」とは、「ISO14000、HACCP、Precision Agriculture：精密農業」をもじったものとされていた。「IT活用による新たな営農システム」の構築を目指すものであった。

農業へのIT技術の導入

このイソップアグリシステムの具体的な取り組みで注目されることは三つ。第一は、農業生産にIT技術を徹底的に導入しようとしていること、第二に、地域農業関係者の緩やかな連携により、持続可能な仕組みを形成しようとしていること、第三に、大豆を軸にした土づくり（土壌環境改善）、健康づくり（医食同源）を目指していることであろう。

特に、第一の農業へのIT技術の導入は際立っている。「精密農業F・Mシステム（Precision Agriculture Farming & Management System）」は、精密農業システムと精密農業管理システムから構築されている。

精密農業システムは、「現場端末」「土壌センシング」「生育センシング」「簡易生育・品質分析」「施肥機制御システム」「圃場気象観測」から構成されている。農業においては土壌管理が最大のポイントだが、それを徹底し、気象情報等を織り込みながら、生育分析、施肥管理等を行っていくことになる。このような点はIT技術の最も得意とするものだと思うが、農業の現場ではほとんど採り入れられていない。

精密農業管理システムは、「WEB・GIS圃場管理」「WEB農業日報」「WEB圃場履歴管理」「WEB営農支援」からなり、さらに、経営管理システムとして「経営管理・経営分析」が用意されている。

小麦、大豆の調整施設

気象条件は私たちの手ではコントロールできないが、的確な気象情報を基礎にしながら、土壌管理、生育管理、施肥管理、圃場管理、経営管理を重ねていくことは、近代経営の基本ではないかと思う。このような点を経験に頼る農業者に理解してもらうことはたいへんなことだが、門脇氏は時間をかけて賛同者を得ることに成功している。

農地の集積が進む次の課題

もう一つの「大豆」に注目する視点も興味深い。「大豆の効用を探求し、

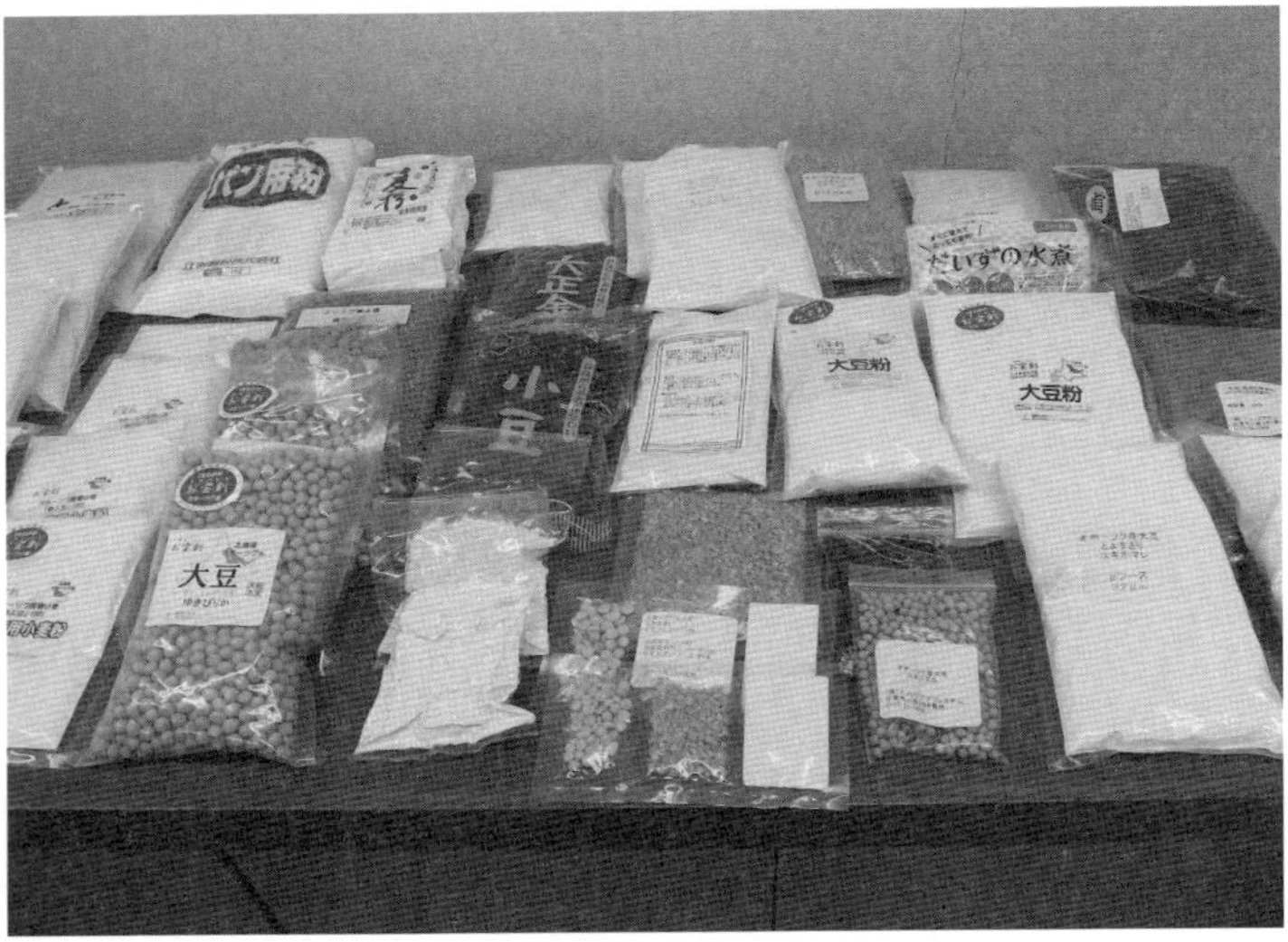

イソップアグリシステムの大豆、小麦製品

健康価値の創出を図り、新たなフードビジネスを創出」するという視点である。北見の主要な生産物はタマネギだが、門脇氏は「小麦～ビート～大豆（馬鈴薯）」の輪作を提案をしている。そして、輪作体系の中軸に大豆を置いている。大豆の根粒菌は空中の窒素を固定し、土壌養分を自己生成する機能を保有していることに着目、大豆を環境保全型農業の基礎作物と位置づけている。さらに、健康づくり（医食同源）に向けて、大豆の加工品の製造販売にも踏み込んでいる。つまり、人と大地との循環体系を提案している。

このような方向に向けて、自社圃場約二〇ヘクタール、大豆クラスター約一〇〇ヘクタール、小麦クラスター約三〇ヘクタール、そして、緩い連携体の圃場を約一〇〇〇ヘクタールの規模まで拡大していた。

さらに、出口としての加工施設としては国の資金を利用し、大豆の集荷・受入選別、乾燥、調整・貯蔵、粉体加工、二次加工の施設を設置していた。加工品としては、大豆のスティックケーキ、大豆ドレッシング、大豆粉、大豆酢、豆腐、小麦粉などが生産されていた。なお、この加工に携わる部分にはプロパーの職員は置かず、親会社のシステムサプライから四人を出向させ、さらにパートタイマーを季節に応じて二~三人雇用していた。

この加工販売の事業はこれからのようだが、離農が進む北見の農業においては、イソップアグリシステムの仕組みに任せようとする農家も少なくない。現状では緩い連携による農地の集積が進み、大規模受託経営に向かおうとしているようにもみえる。全国をみても、これだけ徹底的に農業にIT技術を導入しようとするケースはない。イソップアグリシステムの先駆的な取り組みが成果を上げていくことが期待される。

【より深くとらえるための本】

第220話と同じ。

第225話

山形県寒河江市

地方発の世界的ファッション・メーカーへ
——糸にこだわり、染色、ニット、縫製までの一貫生産に向かう「佐藤繊維」

逆風突破の鍵
KEY to BREAKTHROUGH

新たな「素材」と「サービス」を提供

❶ 山形県といえば、ニット産地として知られていたのだが、アジア、中国からの輸入が大半を占める中で、かつて六〇〇を数えた生産者は二〇に激減している。そのような中で、地域にこだわり、興味深い新たな製品を展開している生産者が登場してきた。その企業は一〇〇年以上の歴史があるのだが、四代目が入り、劇的に変っていった。

❷「糸作家、テキスタイルデザイナー」を掲げる佐藤正樹氏は、デザイン専門学校、東京のアパレルメーカーを経て山形の家業に戻る。その頃は、日本のニット産業は冬の時代を迎えており、苦しい思いを重ねる。その中で「糸」にこだわり、古い紡績機を集め、独自に改良を重ね、新たな境地を切り開いていく。

❸「地方の資源を使ったモノづくり」「トレンドを追わない」ことを掲げ、良質なモノづくりを徹底し、国内よりはむしろ海外での評価を高めていった。その評価は鰻登りであり、東京の美大卒業生たちも参集している。これらを踏まえ、地方に拠点を構える日本発の世界的なファッション・メーカーとして大きな注目を集めているのであった。

山形新幹線の寒河江《さがえ》駅から数分の線路沿いに、大谷石づくりのお洒落な建物がみえてきた。戦前の穀物倉庫かと思ったが、佐藤繊維のギャラリーであった。大谷石といえば栃木県宇都宮が大産地だが、山形の山寺のあたりも産出し、寒河江の周辺では大谷石造りの蔵も珍しくない。

この佐藤繊維のギャラリーは元々、近くの酒造蔵であったのだが、六〇年ほど前の先々代の頃に取得し、現在地に移設、紡績工場として使っていた。四代目の佐藤正樹氏（一九六六年生まれ）がこの建物をギャラリーに作り替えていた。中は耐震補強を加え、佐藤繊維のオリジナル商品がお洒落に陳列されていた。ただし、佐藤氏は「地元の人は誰も買わない。お店で話題を作り、地方で都会の人を呼べるビジネスにしたい」と語っていた。

酒蔵を改造したギャラリー

農家に羊二〜三頭を預け、横編みセーター用糸でスタート

山形といえば、日本を代表するニット産地だが、一九九〇年代に入ってから一気にアジア、中国移管が進み、かつて六〇〇〇といわれたニット工場は、現在では二〇工場に激減している。現在では、国内で流通しているニット製品の九六%はアジア・中国製とされている。そのような事情の中で、佐藤繊維がひとり気を吐いているようにみえた。

日本の繊維の歴史を振り返ると、室町時代までは庶民は麻織物を着用し、

お洒落な陳列

限られた人びとが絹織物を着ていた。木綿が日本に入ってくるのは室町時代であり、江戸期以降の庶民の衣服は綿織物に変っていった。ウールが日本に入ってきたのは明治以降、暖かなウールは大きな注目を浴び、国産化が急がれる。特に、軍服、スーツ用の素材として注目される。全国各地で羊の飼育が開始され、特に愛知県を中心に大型の紡績プラントの設置が進められていく。ただし、日本の環境で羊の大量飼育は難しく、その後、材料調達はオーストラリアなどの海外依存となっていった。

この間、山形県から福島県にかけては、農家が数頭の羊を飼い、小規模にセーター用の毛糸を生産していくところが多かった。佐藤家は以前は養蚕に従事していたのだが、大正時代には絹は売れず、一九三二（昭和七）年、曾祖父の時代に寒河江において手編みセーター用の毛糸生産を開始している。羊を近くの農家に二〜三頭ずつ預け、春になると毛を刈り、集めて紡績するという家内工業的な形であった。愛知県の大型紡績業とは異なり、小規模にセーター用毛糸の生産に従事していた。

一九五四年には、細糸生産用の梳毛紡績機を導入、トップから撚糸までの糸生産の一貫体制をしいた。さらに、一九六四年にはニット製造部門を新設、婦人ニットウエアの製造を開始している。その間、山形県は一九六〇年代から七〇年代にかけては、東京の墨田区のニットメーカーなどが大量進出、日本を代表するニット産地の一つとなっていった。

佐藤正樹氏

「糸」素材にこだわる

四代目となる佐藤正樹氏は、中学生の時からボクシングを始め、高校時代にはインターハイ三位の成績を残している。高校卒業後は東京の文化服装学院に学び、アパレル業界に就職した。その後、スタイリングデザイナーの今日子夫人と結婚、「デザインをするにもモノづくりを知っていたほうがいいかな」と考え、二六歳の時に帰郷している。この時の印象を佐藤氏は「糸

（左）古いフランス式の梳毛機　（右）ニット部門には島精機製作所の横編機が 100 台ほど入っている

づくりやニットづくりの現場に触れたときショックを受け、モノづくりに目覚めた」と振り返っていた。

ただし、佐藤氏が帰郷した一九九〇年代前半はバブル経済の崩壊、繊維製品のアジア移管が劇的に進んだ時代であり、国内の繊維関連産業は「冬の時代」に入っていく。製品の海外移管、コスト削減要求が重なり、多くの繊維関連企業は退出していった。帰郷した当時を振り返って、佐藤氏は「大口の仕事を海外に取られ、工場が止まるような有り様でした。考えた末に、自分で売りに行こうと思い、妻と二人で場所を借りて販売に行きました。そのうち県内では人気が出たものの、他の地域ではさっぱり売れず、やはりプロモーションや売り方をブランド化すべきと考えました」と語っている。

この佐藤繊維が世間に大きく注目されたのは、二〇〇九年、オバマ大統領の就任式の際、大統領夫人が着用していたニナリッチのイエローのカーディガンの素材に、佐藤繊維の極細モヘアが使用されていたことが知れ渡った頃からであった。

現在、佐藤氏の肩書には「糸作家、テキスタイルデザイナー」と記さ

佐藤繊維のオリジナル製品

れている。低価格のアジア製に押されている日本のモノづくり産業のこれからは、「素材」と「サービス」がポイントと思うが、繊維製品にとっては「糸」が最大の差別化要因になる。寒河江の佐藤繊維の紡績工場をのぞいた時、数十年前の機械群が並び、一瞬「動態博物館」かと思うほどであった。イギリス方式の紡毛機、フランス式の梳毛機が並んでいた。また、紡績機械もかなりの年期ものであった。特に、紡毛機、梳毛機を重視し、古い機械を購入し、改造して、佐藤氏の思い通りの「糸」を作れる形にしていた。このような取り組みが、アンゴラヤギの毛一グラムを、歴史上不可能とされていた五二メートル（通常は二三メートル）にまで伸ばした「フーガ」と名付けられた極細モヘア糸の生産を可能なものにしていった。また、原材料を求めて、アフリカ、中南米、モンゴル等にまで佐藤氏自身が足を運び、新たな可能性を追求している。

このような点を背景に、極細モヘア糸の生産ばかりでなく、実に多様な糸を考案し、実現している。そのためには、紡毛機、梳毛機だけでなく、紡績機、さらにはニットの編立機についても、独自に改良を重ねているのであった。

手作業の裁断工程

アメリカの展示会とショップチャンネルでブレーク

国内ではなかなか発展のキッカケをつかむことかできなかったのだが、二〇〇一年五月、自社アパレルブランドの「M&KYOKO」をニューヨークの展示会で発表、好評を得る。以後、毎年、ハイレベルの展示会に出品するようになり、世界の有力企業からも注目されるようになっていった。併せて、その頃からショップチャンネルに出すようになり、国内でもファンを獲得していった。

佐藤氏は寒河江という地方を拠点にしているが、「地方の資源を使ったモノづくり。現在のトレンドはやらない」と宣言していた。帰郷した頃のコスト削減要求、効率化、高速化、大型化の方向は拒絶し、徹底的に素材にこだわり、地方でデザイン、糸、染色、編立、縫製、ネットショップの部門までの一連の工程を内部化していた。そして、その進化の一つの象徴が、二〇一四年一〇月にオープンした大谷石造りのお洒落なギャラリーということになろう。

佐藤氏が帰郷した頃の佐藤繊維は編立機七台ほどの家内工業的な規模であったが、現在は編立機だけでも一〇〇台を数え、従業員も二〇〇人ほどになっていた。佐藤氏は「わずか数年前は地元の高校にいくら求人を出しても全く集まらなかったが、最近では東京、大阪の美大出身者が希望してくる」という。佐藤氏の目指す「モノづくり」が、若い人びとの関心を惹きつけでいるようであった。

二〇一一年八月には、東京渋谷に東京ショールーム、二〇一二年二月にはSATO SENI USA INCを設立している。一時代を風靡した日本の繊維産業は瀕死の状態だが、佐藤氏は「素材」にこだわり、「トレンドのものはやらない」「自分たちだから作れる、魂のこもったモノづくりをしていきたい」と語っているのであった。

【より深くとらえるための本】
関満博『フルセット型産業構造を超えて』中公新書、一九九三年
関満博『空洞化を超えて』日本経済新聞社、一九九七年、
関満博『ニッポンのモノづくり学』日経BP社、二〇〇五年
関満博『地域産業に学べ！　モノづくり・人づくりの未来』日本評論社、二〇〇八年
関満博編『メイド・イン・チャイナ』新評論、二〇〇七年

第226話

岩手県北上市（旧江釣子村）

東北の中山間地域でオーダーメイドのカシミヤ製品を製造
——旅行業からニットに入る「ユーティーオー」

逆風突破の鍵
KEY to BREAKTHROUGH

丁寧な手作りにこだわる

❶　暖かいニット製品は私たちの生活の必需品になっている。日本に導入されたのは明治時代以降。当初は軍人用として普及し、その後、民需の日用品になっていった。当初は東京下町の墨田区あたりが中心であったが、人手不足、敷地の制約等から東北、山梨県、新潟県などに生産拠点は移っていった。さらに、その後一九九〇年代に入ると一気に中国、アジアに移管された。現在、日本国内で流通しているニット製品の約九六％は中国、アジア製といわれている。国内で、ニット生産の新たな参入は聞いたことがない。

❷　旅行業者からニットに転じてきた宇土氏は、カシミヤに惚れ、業界の常識である大量生産から飛躍し、一枚一枚の手作りのオーダーメイドのスタイルの仕組みを作り上げてきた。卸売中心のアパレルメーカーからの工場生産への参入であった。

❸　岩手県の中山間地域のかつてのニット工場と職人を引き継ぎ、編立てからリンキング、仕上げの一連の主要工程を内部化し、「売りながら作る。作りながら売る」を掲げ、新たな可能性に向かっていた。それは差別化された製品を求める人びとに受け入れられているのであった。

ニット製品といえば、私たちの日常に深く浸透している。下着からTシャツ、セーター、靴下、上着、コート、マフラー等にまでいたる。このニット製品が日本に入ってくるのは明治時代以降。特に暖かなウールは、軍人の下着用として採用されていった。ニット製品の発祥の地は東京下町の墨田区から葛飾区のあたり、廃藩置県以降、西村勝三という政商が職を失った下級武士への授産的なものとして開始している。その後、下町の代表的な産業の一つとして、一時期は墨田区だけで一〇〇〇件以上のニット関連企業が集積していた。当初はメリヤス（莫大小）と言われていた。

織物は縦糸と横糸を交差させてできていくが、ニットは一本の糸が編まれていく。編方は大きく、セーターなどに用いられる「横編」と、下着やTシャツに用いられる「丸編」があり、一部に三〇～四〇年前の女性下着で一世を風靡したシュミーズなどの「経編」製品もある。全体的には生産性が高く、裁断～縫製（カットソー）が可能な「丸編」の比重が高まっているが、高級なセーター、アウターなどには横編が用いられている。この横編の場合は身ごろ、袖などを別々に編み立てし、それをリンキングという工程でつないでいく。かなり手のかかる製造方法である。近年は縫製技術も高まり、横編生地をカットソーで製品化していく場合もみられる。

東京下町の墨田区あたりで大発展したが、一九六〇年頃からの人手不足、敷地の制約から、有力なニッターは山形県、福島県、新潟県等の東北、あるいは山梨県のあたりに地方工場を展開していった。例えば、山形県あたりでは最盛期には約六〇〇のニット工場が展開していた。ただし、現在の山形県

（左）ユーティーオーの北上工場　（右）宇土寿和氏

には二〇工場ほどしか残っていない。特に、一九九〇年代に入り、一気に中国移管が進み、現在の日本国内で流通しているニット製品の約九六%は中国、東アジア製とされているのである。近年、新規にニット工場を国内に設置する場合はほとんどみられない。

旅行業からニット業界に入り、さらにオーダーニットの世界に向かう

岩手県北上市、この三〇～四〇年にわたる果敢な工場誘致により、北東北最大の工場集積を形成することに成功した。半導体関連から自動車関連まで、大企業はばかりでなく中小企業の育成にも注力し、国内の「モノづくり産業」が空洞化している現在、ほとんど唯一健闘している工業集積地として知られている。ただし、何回かにわたる市町村合併により市域は拡がり（四三八平方キロ）、中心の市街地、工業団地から郊外は広大な豪雪地帯の中山間地域を形成している。その郊外の旧江釣子村の外れに㈱ユーティーオーの北上工場が立地していた。しかも、立地したのは日本のニッターが海外展開に疲弊している二〇一一年のことであっ

た。日本のニット工場の地方展開としては数十年ぶりのことではないかと思う。

ユーティーオーの創業者は長崎県島原市出身の宇土《うと》寿和氏（一九五〇年生まれ）、島原の高校を出てから旅行業に就きたく、神奈川県二宮の日本観光専門学校（二年制）に入る。就職は東京虎ノ門にあった名鉄観光海外旅行センターであったのだが、なかなか海外に行く機会がなく、三年で退職し、東京青山で独立創業した。二五歳の頃にはアマチュア音楽家の海外コンサートを企画したりしていた。また、冬季には仕事がなく、山形のニット関係者を組織して、ロンドン、パリ、ミラノなどへの研修旅行を企画していた。これが宇土氏がニット業界に入るキッカケとなっていった。

一九八〇年には旅行会社を閉めて六本木にあったアパレルメーカーのレアール（横編中心）の営業職となった。その後、一九九二年にはアパレルメーカーとして青山で独立創業している。ｂｈｆ（ビーエッチエフインターナショナル）を名乗った。二〇〇〇年には現在のＵＴＯ（ユーティーオー）に社名を変更している。

ニット業界に本格的に参入してみると、宇土氏によると「大量生産が常識であり、その多ロットと在庫に苦しみ、撤退も考えた」。「どうせ撤退するなら好きなカシミヤだけでもう一度やりたい。それでダメなら諦めるとカシミヤに特化し、業界の非常識のオーダーニットを開始」しているのであった。

北上に移転し、「作りながら売り、売りながら作る」

アパレルメーカーはデザイン、企画、販売に特化し、製造を外部に委託することが基本だが、一枚一枚のオーダーメイドに応えてくれる企業はない。そのような事情から自ら編立機を設置することにした。横編生産のコア技術は、編地の設計（プログラミング）、編立て、そしてリンキングにある。当時、山梨県国母に廃業するニッターがおり、専門のプログラマーを確保できることから、編立機（島精機製作所、二台）を購入し、その工場を借りてスタートした。ただし、近くにコア技術の一つのリンキングの加工業者がおらず、苦戦していく。五年間赤字が続き、借金が八〇〇〇万円にも累積した。

北上工場の内部／若い人たちが多い

二〇一一年六月には、宇土氏は生産からの撤退を意識している。その頃（二〇一一年八月一日）、『繊研新聞』に北上のニット工場が閉鎖される記事が載っていた。電話をしてみると「みに来ないか」ということになり、訪れるとプログラマー、網立て、リンキングの職人が一人ずついた。前経営者からは「この三人を使ってくれないか」と要請された。

宇土氏は「この三人がいればできる」と判断、山梨を閉鎖し、機械を移動させ、二〇一一年九月に北上市堅川目の工場を借りてスタートしている。さらに、そこが狭くなったことから、二〇一三年六月には現在地の北上市江釣子に移転操業している。現在の北上工場は従業員三人、工場長（編立て）、

リンキング工程

パートタイマー二人の六人であり、社長の宇土氏は月に一度ぐらいのペースで北上工場を訪れていた。

カシミヤはカシミール種の羊の毛である。寒冷地に生息するカシミール種の羊は、厳冬期になると従来の毛の内側にさらに細い毛を蓄積していく。この部分を取り出して製品化していく。世界的にみてカシミヤの本場は中国の内モンゴルの周辺であり、地元の工場が遊牧民から刈った毛（ど毛）を購入し、カシミヤを選別、トップの状態で海外に輸出していく場合が多い。ユーティーオーの場合は、大阪の東洋紡糸がトップの状態で染色し、紡績したもの（二六番）を巻き上げたコーンの状態で購入している。

北上工場では、オーダーがあればコーンを調達し、編立て、ノシ、リンキング、縮絨、セット、仕上げの一貫生産の形となっている。糸や製品の在庫はできるだけ持たず、「作りながら売り、売りながら作る」を原則にしていた。

次第にリピーターが増える

東京青山は本社とショールーム、デザイン、企画、販売に従事している。数人の規模であった。独立した当時は卸売が一〇〇％であったのだが、次第にオーダーメイドの部分が増えている。二〇一四年の売上額は約九〇〇〇万円であり、三越などからのOEM生産が五〇％、ネットによるオーダーメイド一五％、ショールームでのオーダーメイド一五％、卸売一五％の構成であったが、この一年はネットによるオーダーメイドが四〇〇〇万円と、前年の約一三五〇万円から大きく伸びている。このような事情からOEMの部分を減らしていた。

このユーティーオーのオーダーメイドはセミオーダーというべきものであり、SSから3Lまでの七型、一七色が用意されている。これに加えて、袖や丈の長さ等を調整できる。オーダーの際に全額を受け取る。価格は一〇万円前後であった。ネットの人は一度ユーザーになると六〇％はリピーターになっていく。受注から納品までは一般的には一カ月、早いもので一週間とされていた。また、カシミヤは秋冬ものであり、夏対策として麻も手掛けているが、購入者の九〇％の人はカシミヤのリピーターであった。

ニット製品は量産の思想が強く（特に、丸編、カットソー）、コスト要因から、現在ではその生産の大半（九六％）は中国、アジアに移管されている。全国の各地に展開していた工場の多くはこの二〇年ほどの間に一気に閉鎖された。ただし、高級品を求める人も多く、特にカシミヤのオーダーメイドへの関心を深めている人も少なくない。そのような差別化された市場に向けて、丁寧に生産されているユーティーオーの考えた方、作り方、製品は魅力的に映る。豪雪の岩手県北上の中山間地域の一角で、興味深い取り組みが重ねられているのであった。

【より深くとらえるための本】
宇土寿和『カシミヤとニットの話』繊研新聞社、二〇〇六年
関満博・加藤秀雄編『テクノポリスと地域産業振興』新評論、一九九四年
その他は、第２２５話と同じ。

第227話

大分県佐伯市（旧宇目町）

脱サラして伝統の石窯焼きパンを製造
——果実の栽培と独自製品の開発に向かう「杜のTshop」

逆風突破の鍵

KEY to BREAKTHROUGH

山間地で新たな事業を開始する

❶ 近年、奥深い山間部などで、こだわりのパンを焼いているパン屋さんを見かけることが少なくない。いずれも地元の小麦やイースト菌などを用い、独特の石窯などで焼いている。周りには人家はなく、客は通りすがりの人、さらにリピーターになっている場合が少なくない。差別化された魅力的なパンなのであろう。

❷ 大分県佐伯市最奥の宇目地区、人口減少と高齢化に悩んでいる。町役場職員であった二人が市町村合併を機に五〇代半ばで脱サラし、未経験のパンの製造に向かっていった。宇目地区には昭和三〇年代までは石窯によるパンが三〇カ所で作られていた。その再現を目指していった。

❸ だが、スタートして数年後にはリーマンショックと鳥インフルエンザ問題に直面、売上額は四〇％も低下した。さらに、二〇一五年三月には、地元の念願であった高速道路（東九州自動車道）が開通した。そのためクルマの流れが変わることが懸念されていた。それに対し、フルーツ狩りの果樹園、自家栽培の果樹を使った新たな製品開発に向かっているのであった。

近年、山間地を巡っていると、急にパン屋さんが現れてくることが少なくない。いずれも窯焼きパン、地元の小麦やイースト菌等を使ったこだわりのパンを製造している。市場からは相当に離れているのだが、わざわざ訪れる人もおり、また、市街地に売りに行っている場合も少なくない。食すると、いずれもそのこだわりが強く伝わってくる。「山のパン屋さん」は一つの社会現象なのかもしれない。

山間部の国道沿いに立地

大分県佐伯市宇目地区（旧宇目町）は、海の幸に恵まれた佐伯市の最奥に位置し、クルマで一時間ほどかかる山間地域である。主たる産業は林業であったのだが、一九七〇年前後からの外洋材輸入によって大きく後退し、人口を大きく減らしている。二〇〇五年三月に旧佐伯市を中心に八町村が合併し、現在は佐伯市の一部となった。宇目地区の面積は二六六平方キロもあり、合併前の二〇〇四年一〇月の人口（住基台帳）は三四六九人を数えていたのだが、二〇一四年三月末では三〇一〇人に減少している。九州の典型的な山間地域を形成している。

このような山間地域なのだが、この宇目には国道三二六号が貫通している。大分県南部の佐伯の周辺の海岸はリアス式であり、大分市街地等から宮崎県延岡方面に抜けるには、佐伯市街地を通る国道一〇号よりも、この山間部の国道三二六号を使う場合が少なくない。なお、九州の東海岸は日本の中でも最も交通上の改善が遅れている地域の一つであり、念願の高速道路（東九州自動車道）は、二〇

（左）伝統の石窯でパンを焼く　（右）相田里治氏

一五年三月、ようやく佐伯市～宮崎県延岡間がつながったばかりであった。これで九州はようやく高速道路により周回できるものとなった。

その山間部の国道三二六号沿いに「杜のTshop」が立地していた。

リーマンショックと鳥インフルエンザで打撃

この杜のTshopの創業経営者は相田里治氏（一九五二年生まれ）。宇目の生まれ育ちであり、長じて宇目町役場に勤めていた。役場では教育、農林、総務畑を歩いてきた。二〇〇五年に市町村合併となり、佐伯市役所職員となったが、一年ほどで友人と二人で退職し、この事業を進めていくことにする。宇目地区には昭和三〇年代の頃までは、石窯でパンを焼く施設が三〇カ所ほどあったのだが、それらは既に消えていた。その復活を意識してのスタートであった。石窯は既に現存していなかったのだが、昔を思い出しながら作ってもらった。また、パン焼きの技術は宇目の人

製パン工場

に教えてもらった。相田氏は「見よう見まね」と語っていた。

国道三二六号沿いの適地を探し、一定の面積の場所はここしかないとして取得した。平地四〇〇〇平方メートル、山地一ヘクタールを取得し、二〇〇七年に造成、建物の建設、石窯の設置を行い、一〇月にオープンした。「杜のTshop」の「T」は、「Take　Out」「Trust」「Tea」から採っていた。開店当初は、宇目に伝わる薪で焼く石窯パン（季節により異なるが、常に一五種前後）の提供、土産品、果物等の売店、さらに、ソフトアイス、揚げ物、飲み物のテイクアウトという構成でスタートした。

いずれも評判が良く、連休の時などは一日に早朝五時から夕方の一七時頃までかけて一〇〇〇個も焼いた。二〇〇八年度の売上額は三七〇〇万円

杜の Tshop の売場

を超えた。だが、二〇〇八年夏のリーマンショックは大きな痛手となった。杜の Tshop の客の七〇%は宮崎県方面の人であったが、延岡の旭化成の低迷は大きく、さらに、その後の二〇一一年の宮崎の鳥インフルエンザ問題により、一時期、国道三二六号が交通規制となり、客足は遠のいていった。この七~八年の間に二度ほど大きな事態が生じた。そのため、最近の売上額は最盛期の約四〇%減となっているのであった。

さらに、二〇一五年には高速道路が開通し、クルマの流れも大きく変わることが懸念されていた。スタート時一緒に始めた友人は身体を悪くして引退、杜の Tshop は相田氏と子息（三五歳）を中心に、パートタイマー六~七人で回している。パンの製造、窯焼き、店番、テイクアウト部門などに配置されていた。山間地にこれだけの雇用を生み出していたのであった。

フルーツ狩りと地域独自の自社製品の開発が課題

このような事情の中で、相田氏は大きく二つの取組みを重ねていた。一つは、周囲の一ヘクタールの山にブルーベリー（四〇〇本）、栗（一五〇本）、桃（一二〇本）を植樹し、地元の材料として利用することと摘み取り（フルーツ狩り）を可能にする方向を目指していた。すでにブルーベリーは摘み取り可能な状況になっていた。一般に、ブルーベリーは低樹高であり、高齢者でも楽しめるものとして知られている。二つ目は、自前の材料を使った製品開発に踏み出していた。

自家栽培のブルーベリージャム

現在、提供されている自社オリジナル製品は、焼き菓子、ブルーベリージャム、桃ジャム（かりかりよさこい桃）、焼栗ジャム（製造方法特許出願中）、ブルーベリーコンポート、桃コンポート、桃入り唐揚げ、さらに、季節限定で桃ジュース、ブルーベリージュース、ブルーベリーソフト、栗ソフトなどがある。なお、「かりかりよさこい桃」とは地元特産の実の堅い独特の桃である。柔らかい桃に慣れた人には意外な思いをさせる。

店内の土産品売場には、地元のよその品物も置いてあるが、大半は自家製のパン、洋菓子、ジャム、コンポートなど、魅力的な品物が並んでいる。

お客の大半は国道を通過する人びとであり、八〇%はリピーターと語っていた。宇目の地元の人の利用は一〇%程度としていた。レストラン部門はないが、テイクアウトでソフトアイス、飲料、揚げ物(唐揚げ、コロッケ)が提供され、人びとは買い物を楽しんでいるようにみえた。

相田氏の懸念は、高速道路の影響がそのうち出てくるのではないかということ。それに対応していくためには、魅力的な製品開発が必要と腹をくっていた。大分県佐伯市最奥の宇目山中で、興味深い取組みが重ねられているのであった。

【より深くとらえるための本】

第220話と同じ。

第228話

北海道北見市(旧端野町)

牛の尿から消臭剤を開発・販売
――公害の元が公害を制する「環境ダイゼン」

逆風突破の鍵
KEY to BREAKTHROUGH

循環型の商品を育てる

❶ 北海道は広大な農地と畜産業が拡がっている。水稲は連作が可能だが、畑作では連作の効かない場合が少なくない。また、畜産は糞尿の問題が伴う。北海道北部の北見市、主力の農作物はタマネギだが、畜産(牛)も幅広く行われている。そして、牛の尿については主力河川の汚染の問題にまで拡がっていった。

❷ このような事情の中で、地元のホームセンターに牛の尿を善玉菌で処理した無臭無色の液体が酪農家から「液肥として販売して欲しい」と持ち込まれる。消臭剤として利用してみると大きな効果があった。さらに、液肥としても有効であり、連作障害を乗り越えるほどの力があった。ホームセンターで商品化が図られていった。

❸ この商品を採り上げた店長は、定年退職にあたり「自分がいなくなると、消えてしまう懸念がある」として、退職金の代りに商品化の権利を受け取り創業していった。老年創業であった。その後、利用可能性は拡がり、「公害の元が公害を制する」として、北海道から次第に全国に向けて動き出しているのであった。

（左）開発された製品群　（右）窪之内覚氏

北海道北見市の郊外、旧端野《たんの》町のあたりはオホーツクに注ぐ常《とこ》呂《ろ》川が走り、タマネギを中心とした農業、さらに畜産業が盛んに行われている。この常呂川、長さが一二〇キロに及び、流域では農業用水として利用され、サケ、マスが遡上し、河口ではホタテの養殖が盛んに行われている。ただし、牛の糞尿の処理の問題が発生、悪臭ばかりではなく、土中に染み込んだ尿が常呂川を汚染するという問題が生じていた。汚染は二〇年以上前から問題視されていたが、一九九七年には畜産排水が原因とみられる有害菌が検出されて大きな問題になっていった。

このような状況の中で、一九九九年には「家畜排せつ物利用促進計画」が策定され、堆肥舎、液肥化施設、尿溜めなどの施設整備が促進された。特に、北海道立農業・畜産試験場を中心に糞尿処理技術の取り組みが重ねられていく。糞尿を液肥、堆肥にするための技術開発が進められた。

ホームセンターに持ち込まれた液体がブレーク

環境ダイゼン社長の窪之内覚氏（一九四三年生まれ）は北見市の出身、地元の百貨店に勤めていたが、一九八六年に倒産、翌一九八七年の四二歳の時に地元のホームセンター「ダイゼン（大繕）」に転職した。窪之内氏は「私は接客が好きで、お客様の情報を得るためには、それが一番。他店との差別化を図るには接客から入る情報が一番」と語っている。

窪之内氏が店長を務めていた一九九八年、地元の酪農家が牛の尿を善玉菌で発酵・分解した無臭の液体を「園芸の売場で売って欲しい」と持ち込んできた。牛の尿を貯水槽に貯めて、特殊な方法で有用微生物を増殖させるというものであった。尿が原料であるものの、完全無臭であった。酪農家は液肥として考えていたのだが、窪之内氏はいつも「アンモニアや腐敗の悪臭を消せる消臭剤がない」と客から怒られていたことが気になっており、この液体は「もしかしたら、アンモニアなどの腐敗系の悪臭に反応するのではないか」と考え、試してみるとその効果は著しいものであった。しかも腐敗系の悪臭のみを消臭し、花、果物、香水等には反応しなかった。

工場内の設備

この間、周囲の人びとに配って試してもらい、さらに、安全性を確認するために、帯広畜産大学、日本赤十字看護大学（北見市）、北見工業大学に分析を依頼し、高い評価を得ている。そして、一九九九年には消臭剤

瓶詰めの工程／設備は自社開発

「きえ〜る」として商品化していった。さらに、園芸売場では、客から「昨年のプランターや鉢の土、どうにかならないの」との苦情を得ていた。その頃には、大学の研究で、このバイオ活性水には悪玉菌を減らし、善玉菌を増加させることが立証されていた。自身でプランターの土に試してみると、六年間同じ土を再生することに成功する。ここから液体堆肥の「土いきかえ〜る」を商品化している。この商品は農家から連作障害の特効薬として評価されてきた。この「土いきかえ〜る」は、現在では韓国、ミャンマーなどにも輸出されている。

退職金代わりに権利を受け取り、創業

このように、地元の酪農家が持ち込んでき

た牛の尿を原料とするバイオ活性水は、北見のホームセンターで事業部を作り商品化されていった。売上も順調に伸び、年間五〇〇〇万円ほどの商品に育ったが、窪之内氏の定年が迫ってきた。窪之内氏は「自分が関わらなくなったら、よくわからない商品として消えていってしまうだろう」と考え、ダイゼンとの間で退職金と引き換えに、この商品の権利を受け取っている。そして、二〇〇六年二月、新会社の環境ダイゼンを設立している。当初はダイゼンの駐車場の一部を借り、プレハブ四棟、従業員三人でのスタートであった。退職金も無い中で、友人たちが出資してくれた。

原料の液体は酪農家五戸から調達し、工場では精製、瓶詰め等を行っており、アイテム数は一五になってきた。販売はホームセンター時代の取引先の雑貨問屋が仕入れてくれている。当面は北海道が中心だが、口コミで次第に全国に拡がりだしている。

二〇一二年には現在地（元、食品会社の冷蔵倉庫）が競売にかかり、土地四二〇坪、建物一七〇坪を一一五〇万円で落札している。ここから活動は活発化し、二〇一三年の売上額は一億五〇〇〇万円に達し、二〇一四年は二億円に届く見通しであった。従業員数は一二人となっていた。

この間、二〇一一年三月には東日本大震災が発生し、水産基地の三陸の被災地は悪臭に悩まされる。北見から被災地に派遣された赤十字職員が提案し、消臭に採用されたが、窪之内氏は気仙沼に一八リットル缶を三〇缶、石巻市に一〇缶を寄贈している。

拡がる可能性

使用の具体例としては、犬猫の消臭、介護の現場の消臭、トイレの消臭などに用いられ、また、トヨタからはここまで一五トンほどを採用された。これまでの消臭剤の多くは香りで誤魔化すタイプのものであり、根本から解決するものはなかった。「きえ〜る」は悪臭の原因である悪玉菌を善玉菌に変えてしまうものであった。このような事情から、トヨタの場合は、特に、中古車の室内の消臭に使われている。中古車の場合、車内ばかりでなくエアコンに前の人の臭いが染みついているが、その消臭剤として採用された。一五トンで五万台の中古車に使われた。一八リットル缶で一万八〇〇〇円であった。

また、液肥としては連作障害の抑制に効果的であることが知れ渡り始めている。一ヘクタールあたり三六リットルの「土いきかえ〜る」を薄めて散布すると、これまでビート、小麦、大豆とローテーションを必要としていた圃場は、その必要がなくなり、特定品目への産地化が推進されることになった。

さらに、魚の腐敗のスピードを落とし、鮮度を維持するに加え、悪臭も除去できる。釣り人や漁業者からも好評を得ている。また、水産の活魚や養殖の水槽にも採用されつつある。窪之内氏は水族館での採用を期待していた。

このような商品は、製造販売者の意図を超えて、利用者が新たな使い方を見出す場合も少なくない。

また、窪之内氏が指摘したように、誰かが持続的に取り組んでいかない限り、消えてしまう懸念もある。さらに、小規模事業者の場合、大手に取られてしまう懸念もある。そのような事情の中で、窪之内氏は「大手の消臭剤問屋とは付き合わない。雑貨問屋と付き合う」としていた。二〇一五年には窪之内氏は七二歳、「公害の元が、公害を制する」と語り、意気軒昂に次に向かっているのであった。

【より深くとらえるための本】
第220話と同じ。

Ⅲ　モノづくり中小企業の向かうところ

東京都墨田区，「岩井金属金型製作所」の現場。下町工場の典型として，厳しい時代を特殊加工で生き延び，さらにその先を見据える。

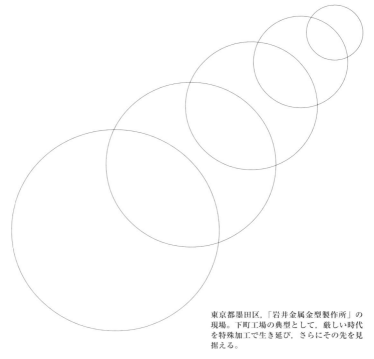

はじめに

二〇一四年に入った頃からの円安により、業績を一気に回復している輸出型大企業はあるものの、もう少し長いスパンで見る限り、電気・電子、自動車といった少し前までの日本産業をリードした産業群は、構造変化に直面していることが指摘される。最大の焦点はアジア、中国の躍進であり、特に電気・電子の量産的な部分はほぼ完全にそれらに移管されたことが重要であろう。いわゆる産業の「空洞化」が進んでいる。そのため、モノづくり系産業の国内のボリュームは激減し、それらに関わっていた中小企業は急速に縮小、退出を余儀なくされている。戦後長らく続いた輸出型モノづくり産業が主体のスタイルは、一九九〇年代中頃を境に維持できるものではなくなっているのである。

この間、目立つことの一つは、日本の事業所数の減少ぶりであろう。例えば、日本の最大の工業集積地といわれた東京都墨田区の工場数はピークの一九七〇年の約九七〇〇から、二〇一二年には約二八〇〇に減少、同じ東京都の大田区の場合は、ピークの一九八五年頃の約九〇〇〇工場から、二〇一二年には約三五〇〇工場に減少している。四半世紀ほどの間に約三分の一に減少している。

他方、期待される新規創業は乏しく、特に、一国の産業構造のベースとなる機械金属工業、モノづくり産業ではこの十数年、新規創業はほとんどゼロに近い。新たな創業企業が活躍していかなければ、産業構造が古いままに置かれ、時代対応力を失っていく。日本の人口減少は二〇〇八～〇九年頃から始まっているが、新規創業が乏しい中で、工場数の減少はかなり前の八〇年代中頃から始まっている。

全体的な動向はこのようなものなのだが、日本のモノづくり中小企業は逞しい。地域を詳細にみていくと、日本の各地には興味深いモノづくり中小企業が新たな展開に踏み出していることに気付くであろう。そのいずれもが、バブル経済崩壊以降の厳しい時代をくぐり抜けながら、必死に独自な存立基盤を追求し、従来型からの飛躍を実現していた。世界に例のない事業領域を切り開き、特殊加工を究め、あるいは、独特な仕組みを作り上げていた。自動車や電気・電子製品に収斂するワンパターンの同質的な集団から飛躍し、独自の境地を究めたところには際立った特色がある。アジア、中国に追跡される日本のモノづくり産業の生きる道は、このような取り組みが基本なのであろう。

この第Ⅲ部においては、全国の各地で独自の存立基盤を確保し、新たな方向に向いているモノづくり中小企業に注目していく。世界に類をみない独自な先端的製造機械を生み出している中小企業、また、際立った製品を開発している中小企業、地域工業集積の中で独自な役割を演じている中小企業、さらに、地方で孤立的に存在しているものの、全国からも注目されている独自な中小企業などである。この四半世紀にわたるモノづくり産業の海外移管、従来事業の消滅などの事態の中で、地域をベースにする中小企業は、新たな可能性を見出し、次のステップに踏み出しているのであった。それは特定大企業に依存しない「独立的な中小企業」の登場ということになろう。

第229話

秋田県能代市

木材スライサーのオンリーワン企業
——常にオーダーメードで進化し続ける「庄内鉄工」

逆風突破の鍵

KEY to BREAKTHROUGH

地方で独自性を追求する

❶ 秋田県能代市といえば、かつて東北を代表する「木都」として知られていた。ただし、この能代に限らず全国の木材産地は一九七〇年代以降、外洋材の輸入拡大の中で疲弊している。そのため、関連の製材・木工機械等の企業も縮小、退出していった場合が少なくない。そのような中で、木材生産の長い歴史を背景に、際立った成果を上げている企業も存在している。

❷ 能代市の地域企業である庄内鉄工は、製材技術の基本である「鋸引き」の場合、おが屑を大量に発生させることに注目、刃物で切り取る技術に注力してきた。三〇年にわたりこの領域に取り組み、際立った成果を上げることに成功している。このスライスの技術はおが屑を発生させず、地球環境に優しい技術として高い評価を受けている。

❸ この技術は世界的に注目され、その市場は国内ばかりでなく世界に拡がっている。また、周辺に関連の要素技術を備える企業が少ないことから、機械工業の要素技術の大半を内部化し、総合的な能力を高め、スライス部分から周辺機器までのトータルな要望に応えている。かつての地場産業をベースに、地方企業としての一つのあり方を示しているのである。

（左）新日本工機の大型五面加工機　（右）庄内豊氏

秋田県能代市といえば、「秋田杉」の産地、積み出し港として知られてきた。ただし、一九七〇年代に入ると外洋材の輸入が拡大し、国産材は冬の時代を迎える。一九八三年には、東京証券取引所第一部上場企業で、秋田を代表する企業であった秋木工業（能代市）が倒産していく。以来、「木都：能代」は経済が停滞し、かつての繁栄は見る影もない。木材以降の次の産業を見出すことができないままに推移している。

筆者は一九八〇年代後半に能代の中小企業を訪れたが、秋木工業関連の鋳鋼（秋木製鋼）、製缶（アキモク鉄工）、それと独立系の木工機械メーカーの庄内鉄工が必死に次に向かおうとしていたことが目に止まった。当時、特に「木材を製材する場合、鋸で切るために一ミリ強のおが屑が出る。木質の一〇％はおが屑になる。刃物でスライスすればおが屑は出ず、歩留りが劇的に改善され、資源の有効利用にも貢献する」としてスライサーの開発に入っていた庄内鉄工が深く印象に残った。

二〇一四年六月、四半世紀ぶりに庄内鉄工を訪れた。かつて開発中であったスライサーは完成し、そのオンリーワン企業として庄内鉄工の主力商品になり、世界中から受注が届いていた。二代目社長の庄内豊氏（一九五三年生まれ）は、「リーマンショックで売上は半減したが、一年で回復。通常の売上額は七～八億円だが、二〇一三年度は九億円を超えた。従業員を連れて三泊四日のハワイ旅行に行った」と語っていた。

数千種類の機械を製作してきた

庄内鉄工の創業は一九五九年、地場産業であった製材業に関連する機械製造・修理、部品加工から出発している。当初から地元の多様なユーザーからのオーダーメードに応えるものであり、実に多種多様な製品を製作してきた。木工機械に限らず、食品、自動車、弱電、医療用機械などの専用機が中心であり、二つとして同じ製品はない。手掛けた機械は数千種類に及ぶとされている。また、当初の地元対応から次第に全国、世界にまで受注範囲を拡げてきた。特に、スライサーは世界のオンリーワンとされ、海外への輸出も行われている。

直近の二〇一四年三月には、中国黒龍江省牡丹江の企業にロータリー・スライサーを納入していた。この牡丹江の企業は日本のたこ焼きの「築地銀だこ」の舟底容器を製造しているものであり、丸太を角材にしてスライスし、手作業で組み立てていた。木質の厚みは〇・五ミリほどであった。これに対し、提供した庄内鉄工のロータリー・スライサーは、最薄〇・一四ミリまで可能であり、丸太のまま

庄内鉄工の加工・組立職場

スライスしていく。生産性と資源の有効利用は劇的に改善されるであろう。

　現在の社長の庄内氏は日本大学生産工学部の工業化学を卒業、木材の勉強のために千葉大学工芸科（現建築学科）に一年学び、家業に戻っている。三八歳で二代目社長に就任した。すでに二二年間も社長に就いている。従業員数規模はずっと四〇人強、最大でもバブル経済の頃に五〇人であった。女性は事務に数人のみの男性型企業であった。二〇一四年六月現在も全体で四二人（女性二人）であった。

ユーザーの事情に合わせたオーダーメード

　主力の製品領域は「木材関係の機械」であり、大きく「スライス系」「構造用集成材」「木目を印刷したシートを貼る機械（ラミネート）」「2×4

2×4工法のパネルの製造装置

工法用パネル製造機械」であり、その他に豆腐の自動パック機械などの食品加工機械もある。豆腐のパック機械は秋田県の異業種交流プラザで何か成果を出さなくてはならないという事情の下で、豆腐製造業者と共同開発したものだが、爆発的に売れた。海外にも輸出している。

スライス系の機械を基本にしているが、スライスされた薄板を貼る機械が必要になり、それがラミネートの機械に進化していく。また、2×4のパネル製造機械は近年の大工不足によるものであり、パネルの釘打ちを工場で一気に行うものである。かなり大型のもので工期は一カ月半ほどかかる。一年先まで受注残があった。構造用集成材関連と2×4関連はライバルはいるものの、スライス系、ラミネート機にはライバルはいない。

近年の木材関連の機械はかつてのような単体のものではなくなり、自動搬送装置をつけた総合的なものになっている。ユーザーからそのような問い合わせがあり、それぞれの事情を受けて設計し、調整を重ねていく。全てオーダーメードになる。庄内氏は「いろいろな要望がある。それに応えていけば、仕事になっていく」と語っていた。日本の機械工業もモデルタイプの単体のものは次第に海外生産が濃厚になり、国内的にはユーザーの現場の課題を受け止め、総合的、全体的なものを提案し、具体的にまとめ上げていくといった領域が残っていくのであろう。庄内鉄工の近年の好調ぶりは、そのような時代状況を反映しているようにみえた。

後継者も入り、新たな進化を

工場の中は使い込んだ工作機械に加え、最新式の新日本工機の大型五面加工機が配置されていた。庄内氏は「これが入って、加工がスムーズになった」と語っていた。製缶から部品の機械加工、溶接、塗装、電気の制御盤、組立の基本工程の全てを内製化していた。外注依存は溶接部門で時々あるだけであった。本格的な木材関連機械のオーダーメード型の一貫メーカーであった。創業以来、オーダーメードで来たことが企業としての蓄積になり、付加価値、賃金水準も高く、定着率の良さにつながっていた。

さらに、庄内氏は「秘密の場所」といいながら、新製品開発の現場を案内してくれた。それは、シートの貼り付けを平面だけではなく、三次元で行う自動機であった。社内に特別に開発担当を置くのではなく、テーマにしたがって社員から選抜し、通常業務をこなしながら新たなものに取り組むというスタイルをとっていた。このような創造的な仕事ができることが、従業員の意欲をかきたてているようにみえた。ほぼ完成しているこの機械は、すでに幾つかのユーザーからは採用が告げられていた。庄内氏は「どんどん機械は進化していく。個々のユーザー、業界の様子をみながら、新たな提案をしていく」と語っているのであった。

庄内氏には二人の子息がいる。三五歳と三〇歳であり、二人とも家業に入っていた。創業以来の「オーダーメード対応で、常に進化する」あり方を継承し、ユーザーに感動を与える仕事を重ねていくことが期待される。

【より深くとらえるための本】

関満博・加藤秀雄『現代日本の中小機械工業』新評論、一九九〇年
関満博『フルセット型産業構造を超えて』中公新書、一九九三年
関満博『空洞化を超えて』日本経済新聞社、一九九七年、
関満博『ニッポンのモノづくり学』日経ＢＰ社、二〇〇五年
関満博『地域産業に学べ！　モノづくり・人づくりの未来』日本評論社、二〇〇八年
関満博編『メイド・イン・チャイナ』新評論、二〇〇七年

第230話

滋賀県草津市

繊維機械から高機能フィルム機械に転換

——ユーザーを含めた開発拠点を形成「市金工業社」

逆風突破の鍵
KEY to BREAKTHROUGH

転換期に、蓄積した技術をベースに先鋭化

❶ 日本の戦後をリードした産業群の中でも、繊維産業は最も劇的に変化している。かつての繊維輸出国の日本は、一九八〇年代以降、一気に輸入国に変わり、現在では繊維製品の九五%強はアジア、中国からの輸入となっている。その結果、全国の各地に広く展開していた繊維産業産地は一気に縮小、消滅していった。

❷ このような事情の中で、繊維産業を支える繊維関連機械の部門はしばらくはアジア、中国への輸出が盛んに行われていたのだが、その後、現地の能力が高まり、壊滅的な状況に追い込まれていった。そのような事態の中で、染色整理機械（幅だし、テンター）の生産に従事していた滋賀県の中小企業が、蓄積してきた技術をベースに、劇的な転換を実現していく。

❸ 繊維から先端産業部門とされる高性能フィルム部門に着目、液晶からリチウムイオン電池のセパレーター部門に展開、ユーザーである高分子メーカーの研究開発を支えながら、蓄積されたノウハウを基礎に、業界をリードする存在となっているのである。

（左）市金工業社の本社部門　（右）川口剛史氏

工作機械、専用機械などの機械装置の領域は、繊維産業、鉱山機械の修理関係から発展していった場合が少なくない。自動車のトヨタは繊維機械（織機）からであり、新潟鉄工、ツガミなどは鉱山機械の修理部門から工作機械メーカーに転じてきた。日本の機械産業の発展は、時代をリードした産業の盛衰をにらみながら高度化を進めてきたのである。

特に、戦後日本産業の一時代を築いていた繊維関連部門は、一九八〇年代以降、東アジア諸国地域のキャッチアップにより、大きな転換を迫られていく。労働集約的なニットや縫製部門から始まり、繊維素材までが一気に東アジア、中国に移管されていった。そのような中で、大手の繊維メーカーは大きな構造転換を迫られ、化学・合成繊維、さらに高分子部門に向かっていった。東レ、旭化成などはその典型であろう。これらのメーカーは既に繊維メーカーではなく、総合化学・高分子素材メーカーへと転じている。日本の全産業の中でも構造転換が最も劇的であった部門とされている。

このような事態の中で、中小の専用機械メーカーは大きく揺り動かされ、多くの企業は退出していった。繊維機械の中でも、染色整理仕上機械（幅出機、テンター）の領域では、繊維産業が華やかな頃は、国内で五社といわれていたのだが、現在では二社が退出し、三社が残っているにすぎない。その中で、見事に高分子部門に参入し、際立った成果を上げている企業として滋賀県草津市の市金工業社が注目される。

苦難の十年を経て、フィルム部門にたどり着く

市金工業社の創業は一九三六（昭和一一）年、繊維の本場の京都で染色機械販売業としてスタートしている。当初は自然素材の幅出機の製造販売から始めたが、その後、化繊・合繊の幅出機、連続処理機の方向に向かっていった。特に、一九六〇年代の中頃からは西ドイツの企業との技術提携を重ね、素材の化繊化・合繊化に応え、一時期は業界トップに躍り出て「化繊、合繊のＩＣＨＩＫＩＮ」といわれていた。この間、一九六二年には草津の現在地（二万坪）に草津工場を新設、一九六五年には本社も草津に動かしている。

だが、バブル経済崩壊の一九九〇年代前半になると、繊維関連機械は全く売れなくなる。当初は東アジア諸国への販売が好調であったのだが、韓国を始めとして現地生産が進み、さらにドイツ企業がアジア進出を重ね、日本製は売れなくなっていく。当時の売上額は四〇億円ほどであったのだが、一

九九三年には売上額は一年で半減し二〇億円になっていった。さらに、中国でも繊維機械が生産されるようになり、営業努力を重ねても売れず、一九九三年から二〇〇四年までの十年間は下降線を続け、売上額は一〇億円まで低下した。繊維産業の東アジア移管を象徴する流れとなった。

市金工業社の設計部門

この間、大手の繊維素材メーカーも苦難の時代が続くが、東レを始めとした大手メーカーは高分子部門、高性能フィルム部門に展開していく。このような流れに対して、市金工業社は、繊維時代に培ってきた「広げる、塗る、染み込ませる」という三つの基本技術をフィルムの領域で発展させ、ユーザーの要望に応えていった。三代目社長の川口剛史氏（一九六五年生まれ）は、「十年かかって、技術を活かせる市場をみつけた」と振り返っていた。繊維の幅出しの整理仕上機械はメカニックな動作だけではなく、熱風、蒸気、水の働きをうまくコントロールすることで美しく風合いに富んだ生地に仕上げていく、この蓄積が市金工業社の「独自な世界」であり、フィルム延伸装置等への基礎となっていった。

二〇〇〇年代初期には、日本は液晶部門が活発化するが、大型の液晶に対するフィルムの要請は高まり、延伸装置を供給していた市金工業社は二〇〇六年には売上額が七五億円にも達していった。大型液晶を生産していたシャープあたりからは一台三〇億円もの装置を要請されたこともあった。

ユーザーの開発のインフラも用意し、次につなげる

ただし、日本の液晶部門はその後、低落していく。そのような事情から、近年はタブレット、リチウム電池のセパレータ部門を主力にするようになっている。現在の事業内容をみると、高分子化学工業用機械の製造販売（偏光膜製造装置、液晶画面保護用フィルム製造装置、二次電池セパレータ製造装置）、コーティング&ラミネート装置、メディカルシート製造装置、炭素繊維製造装置、逆浸透膜製造装置、人工皮革製造装置等となっている。

これらの領域を担う日本のメーカーは、一部に台湾、韓国に進出しているものの、東アジア諸国にはほとんど進出していない。今のところ、国内生産が維持され、熾烈な競争を演じている。高い機能性を持たせたフィルムは次第に薄いものになり、数十ミクロン単位になってきた。それらを均質に延伸し、機能性を高めていかなくてはならない。その技術は、当面、日本にしかない。その一端を市金工業社が担っているのである。

市金工業社の新たな三つの工場

例えば、現在の主力になっている二次電池の場合、正極（プラス極）と負極（マイナス極）、そして電解液から構成されるが、正極と負極が直接接触することを防ぐためにセパレータが組み込まれている。このセパレータには、二つの極を隔離しつつも、イオンの移動を妨げず、ショートしそ

組立工場の内部

うになったらイオンの移動をシャットダウンする機能が求められる。隔離、イオン伝導性、シャットダウンの三つの機能が必要とされ、日に日に高機能のセパレータが要求されている。特に、リチウムイオンの通路となる微細な空隙をフィルムに形成することが必要になり、フィルムを延伸しながら、分子を均一に配列していくという極度に高い精度が求められていく。

この領域の発展の勢いは強く、ユーザー各社は熾烈な開発競争に入っている。そのような事情の中で、最有力の装置メーカーになってきた市金工業社の場合、各ユーザーからの要請が集まり、守秘義務が強いことから、二〇〇六年には敷地内に新たな工場を三棟建設（各一四〇〇〇平方メートル）している。全て窓無しの密閉された空間であり、競合するユーザーがかち合わない環境を形成していた。一台として同じ機械はなく、ユーザーと調整しながら生産されていく。生産期間は八カ月から一年強とされていた。さらに、ユーザーの工場への設置後も半年ほどは調整にかかっていた。

そして、ユーザーの開発部隊をサポートするための「テクニカルセンター」を社内に設置し、自社製の高機能同時二軸延伸テスト装置を常設し開放している。ユーザーが開発した新たなフィルムを持ち込みテストするものであり、分子配列が整っているかどうか等を検証し、そこからテスト機の製作、さらに実機へとつなげていた。

先端に立ち続ける課題

これだけの事業に対し、従業員は八〇人、社内では設計と組立を行っている。部材の大半は繊維機械の頃からの協力企業（約三〇社）であり、京都、大阪を中心に北は金沢、南は和歌山あたりにまで拡がっている。装置が組み上がるとユーザーにテストしてもらい、ユニットにばらして納品、設置する。海外の場合も当社が設置し、試運転を行い引き渡されていく。設置〜試運転に半年ぐらいかかることもある。

川口剛史氏は大学卒業後、グループ会社に所属し、市金工業社に入ったのは繊維機械が苦戦している頃、フィルム部門が立ち上がりつつあった頃であった。繊維機械を売りにいっても全く売れない頃であった。そのような意味では、新たな事業分野への展開の必要性を身に沁みて感じていたのではないかと思う。そして、市金工業社の固有技術である「広げる、塗る、染み込ませる」をベースに、「精度は繊維とは桁違い」といいながら、二〇一一年には三代目の社長に就いていった。

そして、その頃から新卒採用を始め、例年三人ほどを採用し、若返りを図っていた。高卒は毎年二人程度、大卒（院卒）は一人程度採用していた。そのような若い力を育て、激しい技術革新を重ねているこの業界で独自の位置を確保していくことが求められる。

明治以降の日本産業を牽引した繊維産業は一九八〇年代には一気に衰微し、東アジア諸国に移管された。その後の液晶部門は十年ほどで見る影もなくなった。そのように技術革新と途上国の躍進は著しい。このような領域で先端に立ち続けていくためには、新たな発想を具体化していくための開発からテスト、実機とつながる環境の整備と、人材の育成が最大の課題になるように思う。市金工業社はそのような日本産業の明日を築いていくための課題を背負っているようにみえた。

【より深くとらえるための本】

第２２９話と同じ。

第231話

秋田県美郷町

首都圏から進出し、地元に定着
――ガラス研磨から次世代半導体基板研磨へ「斉藤光学製作所」

KEY to BREAKTHROUGH 逆風突破の鍵

加工屋から、開放型テクニカルセンターを展開

❶ 東京都内の機械工業集積は、大田区、墨田区、そして板橋区に顕著に発達した。この中で、板橋区は光学機械関係に大きな特色を示した。だが、中小企業が東京で人材確保することは次第に難しくなり、東北方面に工場を移設していく。そして、東北で新天地を得た中小企業は、日本産業の大きな構造転換を意識し、新たな取り組みに向かっていくことも少なくない・

❷ 斎藤光学製作所は、秋田県出身の先代が板橋で修業し、埼玉県で独立創業している。その後、人材調達難から秋田の美郷町に着地していく。さらに、光学部門のアジア、中国移管が顕著なものになり、当初のガラス研磨から、次第にレベルを上げ、次世代半導体基板研磨に向かう。

❸ 本社も完全に秋田に移し、隣地の工場も取得し、開放型のテクニカルセンターを設置し、関連の研磨剤メーカー、装置メーカー、補助資材メーカーなどに開放、研磨技術全体の「技術開発拠点」形成を目指している。日本の半導体関連部門がアジア、中国との競争で疲れている現在、次は新たな「素材」の開発、その加工技術の確立などが問われている。そのような点を意識し、斎藤光学製作所は興味深い取り組みに踏み込んでいるのであった。

ガラスの研磨といえば、時計カバー用ガラス、カメラ用レンズ等の研磨として幅広く行われていた。特に、戦前から戦中にかけて東京の板橋区のあたりは光学系企業が集積したことで知られている。ただし、一九八〇年代以降、時計用、カメラ用ガラス研磨の大半は台湾に移り、その後、中国に移管されている。国内ではほとんどみることがなくなった。そのような中で、東京の板橋で修業し、埼玉県福岡町（現ふじみ野市）で創業、その後、JR奥羽本線をたどり秋田県美郷町に着地、事業形態を劇的に変え、研磨技術をベースに新たな企業として踏み出しつつある中小企業があった。キャッチフレーズは「時計用カバーガラス研磨から、次世代半導体基板研磨へ」を掲げていた。

M&Aにより次世代半導体基板事業に踏み出す

斉藤光学製作所の創業は一九七二年、現経営者の父である斎藤登二氏であり、埼玉県福岡町で腕時計用カバーガラスの研磨を目指して出発している。この先代は秋田県象潟町（現にかほ市）出身であり、板橋でガラス研磨を修業しての独立であった。一九八〇年代の中頃になると、人材確保難等により首都圏の操業条件は悪化し、東北、秋田方面への展開を物色していたが、JR奥羽本線の通る美郷町の当時の町長と波長が合い、工業団地（農工団地）の造成前であったが、着地することになる。一九八五年、現社長の斎藤伸英氏（一九六一年生まれ）が二四歳の時であり、若い斉藤氏が一人で赴任した。従業員一五人の旅立ちであった。先代の斎藤登二氏は一九九四年、六〇歳で引退し、子息の斎

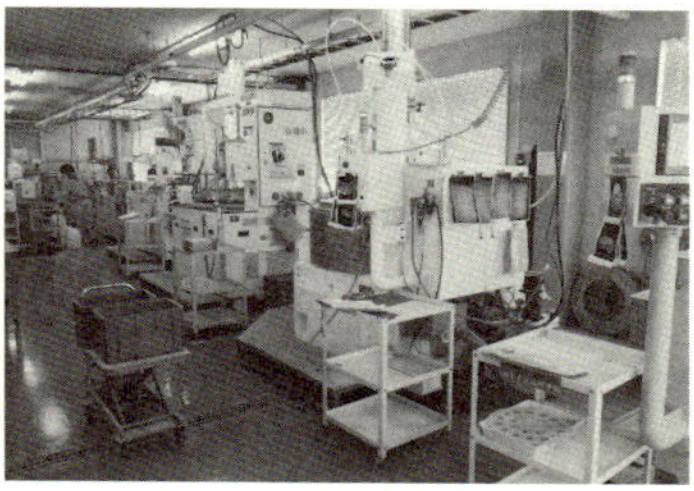

（左）斎藤高留氏（左）と斎藤伸英氏　（右）秋田工場のラッピングの量産ライン

藤伸英氏は三六歳で社長に就いている。

一九九〇年代の中頃は、日本の電子、半導体部門のアジア進出が活発化した時代であり、従来の単純なガラス研磨の国内の仕事は激減していく。そのような事情の中で、斉藤光学製作所は一九九八年に酸化物単結晶（デジタル画像処理用）の研磨に踏み出していく。二〇〇七年にはＬＥＤ用サファイア基板研磨にも踏み出していった。

その後、二〇〇九年四月、Ｍ＆Ａにより群馬県のインターオプティックからサファイア事業を継承し、群馬テクニカルセンターとしていった。このあたりから、斉藤光学製作所の事業範囲、ビジネスモデルは大きく変わっていく。さらに、二〇一三年には美郷町の工業団地に隣接していた工場を買収し、群馬の設備も移設して「秋田テクニカルセンター」を新たに設置している。現状、埼玉本社には従業員一人を置いているだけであり、近々、埼玉を引き払い、完全に秋田に定着することを意識していた。

加工企業から開発型企業への転換

斉藤光学製作所のこれまでの事業展開を振り返ると、時計用、カメラ用

サファイア基板の材料（ブール）

などの光学ガラスの研磨から出発し、一九九〇年代後半から酸化物結晶材料の研磨に踏み出し、二〇〇九年の群馬でのM＆Aベースに、二〇一〇年頃から単結晶のサファイア（LED用基板）、さらに現在では次世代半導体基板の研磨の方向に踏み出している。

特に、この間、産学連携にも意欲的に取り組み、多くの競争的資金を獲得していることも興味深い。最初は二〇〇九年に秋田県の「あきた企業応援ファンド事業」で七五〇万円であったが、その後、二〇一一年には経済産業省東北経済産業局の「戦略的基盤技術高度化支援事業「サポーティングインダストリー」（通称サポイン事業）」に採択され、三年間で九七〇〇万円（補助率一〇〇％）を受けている。これらの事業を推進するにあたっては、東北大学、名古屋工業大学、ＪＦＣＣ（一般財団法ファインセラミックセンター）、秋田県工業技術センターなどとの連携を重ねていた。

このような一連の取り組みから、斉藤光学製作所の売上額構成比は大きく変わり、二〇〇八年八月までは受託加工の売上額が一〇〇％であったのだが、二〇一四年現在では、売上額約五億円の中で、加工売上は五〇％に低下し、開発売上額（受託研究、試験等）三五％、その他の売上額（技術コンサルティング等）一五％となっているのである。受託加工企業から開発型企業に大きく転換しつつあることが読み取れる。

現在の受注先は半導体関連の住友金属鉱山、日本ガイシなど約一四〇～一五〇社である。従業員は四二人（男性六五％）、二年に一度、地元の高校生を二人ずつ採用していた。社長の斎藤伸英氏と弟の取締役管理部長の斎藤高留氏（一九六八年生まれ）は共に地元の女性と結婚し、完全に定着していた。その他の人は全て地元出身者であった。

現在は、道路を挟んで秋田工場と秋田テクニカルセンターの二つの事業施設がある。従来からある秋田工場は「両面研磨加工プロセス」として、確立された技術で量産に対応できる施設となっている。従来からの光学系ガラス両面基板から、サファイア両面基板に対応している。秋田テクニカルセンターは「研磨技術開発」を深く意識しており、関連の研磨材メーカー、装置メーカー、補助資材メーカー等に開放し、研磨技術全体の「技術開発拠点」としている。そして、ここで開発された技術をベースに、秋田工場で量産していくことも意識されていた。

オープンな秋田テクニカルセンターの内部

オープンな環境で「素材」と「サービス」に向かう

斉藤氏は「情報と技術のオープン化」「関連メーカーは当方の量産施設で研究ができ、当方にも多くのメリットがある」としていた。オープンなリソースセンター的役割を演じることを狙っていた。また、美郷の地は秋田空港からクルマで一時間程度の距離であり、有力素材メーカーから大学の研究者まで訪れやすい環境になっていた。秋田新幹線の大曲駅までクルマで二〇分程度、新幹線で大曲〜秋田も二〇分であり、アクセス条件は意外に良い。斉藤氏は「お客さんは飲食や宿泊の条件の良い大曲（大仙市）か鄙びた乳頭温泉に宿泊し、うちの設備を使って研究し、自然を楽しんでくれている」と語っていた。

一時期の日本産業をリードした半導体部門、特にその量産部門は一九九〇年代後半までに一気にアジア、中国に移管されている。このような状況の中で、素材の新しいもの、固いものが求められつつある。特に、これまでの半導体基板の主力であったシリコンの理論効率は限界にまで達している。それをブレークスルーするものとして次世代パワーデバイス向け半導体基板の必要性が問われている。

そのような事情の中で、従来のシリコンよりも固いものとして、当面、ダイヤモンド、炭化ケイ素に次ぐ固さのサファイアが注目されている。特に、単結晶サファイアの表面仕上げ加工には、ダイヤモンド・ラッピング、ケミカル、メカニカル表面仕上げの工程が必要になる。この工程はコストと時間を費やす。斉藤光学製作所はこの工程に関して、電解砥粒制御技術を導入し、副資材、加工条件の最適化を図り、加工工程の革新を目指している。特に、この技術はＬＥＤの低コスト化に大きく寄与することが期待されている。

現在の斉藤光学製作所の事業目標は大きく二つ。秋田工場は「電解研磨技術の研究開発、ジルコニア系研磨剤開発」、秋田テクニカルセンターは「次世代用半導体材料研磨技術」「研磨技術ソフトと研磨装置ハードの融合」が掲げられていた。

モノづくりのプロセスは、大きく分けて「素材」「加工、組立」「消費、サービス」の三つの段階を経ていく。この中で、戦後の日本製造業は真ん中の「加工、組立」に全力を傾け、一時期の成功を獲得してきた。ただし、この領域はその後一気にアジア、中国に移管されていった。成熟した先進国の日本とすれば、先のプロセスの「素材」と「サービス」に新たな境地を求めていくべきであろう。そのような意味で、斉藤光学製作所の取り組みは、まさに時代を先取りしているといってよい。

この一〇年、多くのガラス研磨加工企業は空洞化に悩まされている中で、斉藤光学製作所は秋田県の草深い美郷の地で、関係者を惹きつける興味深い取り組みを重ねているのであった。

【より深くとらえるための本】

第230話と同じ、

第232話

北海道石狩市

機械工業過疎地で専用機メーカーに
——自動車関連有力企業の進出を契機に飛躍「シンセメック」

逆風突破の鍵
KEY to BREAKTHROUGH

北海道に新たな可能性をもたらす

❶ 機械工業過疎といわれた北海道。機械工業といえば、造船・漁業関連、鉄鋼・製紙関連、農業・食品関連のみであり、先端産業に関連する機械工業は未発達であった。ただし、二〇年ほど前から、人材を求めてトヨタ自動車をはじめアイシン、デンソーといった自動車産業の最有力企業が進出、次第に地域化してきたことから、機械金属工業に新たな可能性がみえてきた。

❷ 有力な企業の進出により、精密な部品加工、さらに、組立、制御、計測、検査などに専用的な工作機械が必要になってくる。このような要請に応えて、北海道にも興味深い企業が育ってきた。それでもまだメッキ、熱処理等の表面処理、また、精密機械加工・研削加工などは問題が少なくない。専用機メーカーが育ちつつある中で、そのような要素技術の集積が期待される。

❸ 機械加工から出発したシンセメックは、二〇年をかけて優れた専用機メーカーに育っている。ただし、要素技術の拡がりに乏しい地域の場合、専用機製作に加え、加工、あるいは企業としての安定性を図る上で自社製品の開発が課題となってくる。このような課題にどのように応えていくか、北海道の新たな可能性を導くものとして期待される。

農林水産物、鉱物資源等の自然資源に恵まれてきた北海道、これまで素材のまま、あるいは一次加工して本州に移出してきた。そのため、一国・地域の基礎的な産業である機械金属工業はあまり発達してこなかった。「機械工業過疎地」といわれてきた。わずかに目立っていたのは、新日鐵住金室蘭製鐵所の周辺に発生するメンテナンス需要に対して成立した大物加工（機械加工、製缶・溶接）、函館、小樽のような港湾・水産都市を背景に成立してきた食品加工機械、造船関連、そして、帯広を中心にする大規模農業に対応する特殊な農業機械などであった。いずれも一つ前の時代の機械工業部門であり、世の中の技術革新からはやや取り残されていた。

実は、私は新日鐵（当時）の高炉を削減するという第四次合理化案の出た一九八六年以降、しばらくの間、北海道の主要工業都市を歩き、そのような感想を抱いていた。その後、二〇〇三〜〇四年頃に、再び主要都市の機械工業を歩いたが、一部に先端的な中小企業が登場してきたが、全体的には以前と印象は変わらなかった。

ただし、その前後から、苫小牧、千歳周辺に有力自動車関連企業が進出してきた。トヨタ自動車北海道（一九九二年、苫小牧、トランスミッション、従業員約三三〇〇人）、アイシン北海道（二〇〇六年、苫小牧、車用鋳造品、従業員約三七〇人）、デンソー北海道（二〇〇九年、千歳、車載用半導体、従業員約一〇〇〇人）というトヨタ系有力三社が進出、さらに、大阪資本ながらも、事実上、北海道で育った唯一の世界的な自動車部品メーカーであるダイナックス（一九七三年、千歳、湿式摩擦材ディスク［世界シェア四〇％］、約一七〇〇人）の存在感が大きくなっていく。

これら有力企業も当初は、落下傘型で周辺との交流は乏しいものであったのだが、落ち着いてきた近年、地元に部品加工、専用機などの機械設備の発注を始めている。そのような中で、ようやく意欲的に取り組み飛躍的な発展の道筋に踏み込んでいる中小企業も登場してきた。

旋盤加工から出発、メカトロに向かう

シンセメックの前身の松本工業所は現経営者松本英二氏（一九五〇年生まれ）の父松本六郎氏が、一九五〇年、小樽で旋盤加工として出発している。機械修理や炭鉱部品の製造にあたっていた。松本英二氏は北海道大学工学部精密工学科を卒業、東京都大田区六郷の山武ハネウェル（現アズビル）に入社する。当時はアナログからデジタルへの移行期であり、マイコン制御などに携わっていた。遅くまでデバッグ（バグ取り）の毎日であり、「こんな仕事を続けていいのか」と思うようになり、一九七九年、二九歳でUターン、松本工業所に入社する。当時の松本工業所は従業員四人、旋盤数台の規模であった。

このような状況の中で、一九八一年、NC旋盤（日立精機）を導入する。当時の年間売上額は約二〇〇〇万円、NC旋盤はその半分を超える一三一〇万円もした。ただし、導入効果は大きく、松本氏の手も空き、賃加工ではなくメカトロをまとめ上げる仕事に向かっていく。一九八五年の頃から、ダ

（左）新設のシンセメックのエンジニアリングセンター　（右）松本英二氏

イナックスの仕事が取れるようになり、部品加工に加え装置ものの摩擦試験機などを手掛けていった。この経験から、エンジニアリング事業の可能性を確信し、設計部門のスタッフを増員していった。一九九九年には制御部門を立ち上げ、設計、部品加工、組立、制御までの社内一貫体制を敷いていく。当時の従業員規模は一〇人ほどであった。二〇〇一年には、社内公募により社名を「シンセメック＝Synthesize Mechanizm の略の造語」としている。松本氏は「なんでもやる。絶対断らない。単純には断らないがめつくやる」と語っていた。

自動車関連を中心に幅広く道内の要請に応える

この間、主たるユーザーが千歳、苫小牧方面になってきたことから、二〇〇四年には札幌市西区に本社、エンジニアリング部門を移転させ、さらに、二〇〇八年には石狩新港地区の流通団地の一ヘクタールを取得し、マシンセンター（機械加工部門）を設置、その後、隣接地にエンジニアリングセンター（二〇一一年、設計、

（左）マシンセンターの大型工作機械群　（右）旋盤加工も健在

組立、制御）、フードマシンセンター（二〇一三年、食品加工機械製造部門）を設置している。シンセメックはこれまで、約三〇〇〇点（種）の機械を製造してきた。基本的には一つとして同じものはない。売上額約七億円のうち、自動車関連部門が七〇％と圧倒的に多いが、電子機器、住宅機器、食品関係、その他一般産業用機器までと幅が広い。

現在の有力取引先は、自動車関連ではトヨタ自動車北海道、デンソー北海道、アイシン北海道、ダイナックス、いすゞエンジン製造北海道、日産、京浜精密工業、日本発条、精密・電子機器ではパナソニックデバイス帯広、東芝ホクト電子、ユニシス、富士エンジニアリング、北海道住電精密、住宅機器では北海道セキスイハイム工業、北海道ＬＩＸＩＬ、食品ではアレフ、マルハニチロ北日本、石屋製菓、ヤマザキ、一般産業用機械では、ウロコマシナリー、日農機製工、北新金属工業などであった。日産と日本発条を除いて、大半は北海道の事業所である。

二〇一五年一月現在の従業員数は四五人、機械設計一三人、電気制御七人、機械加工一七人、工程管理五人、総務経理三人の陣容であった。女性の採用にも意欲的であり、放電加工部門は女性だけであり、これから拡大が見込まれる食品加工機械製造部門は女性中心に編成していく構えであった。また、二〇〇五年には東京投資育成会社からの出資を受け入れ、個人色を薄め、社会性のある会社にしていくことを目指していた。資本金三〇〇〇万円のうち、投資育成会社が五〇％、松本氏は二〇％、従業員持株も二〇％にしていた。

「想い」を「形」に新たな可能性に向かう

また、以前からオーダーメードによる食品加工機械の製造の経験はあったものの、二〇〇九年からは本格的に自社製品の取り組みを開始し、「カボチャ切り機械」を開発している。このカボチャ切り機械は「かんべ取り機」「芯抜き・皮むき機」「半割り機」「ワタ取り機」「乱切り機」の五つがセットになっており、約一〇〇〇万円、これまでに四セットが販売され、一〇人分の省力効果があるとされていた。二〇一五年には六セットが予定されている。

このように、シンセメックは旋盤加工からスタートし、専用機を主力に育て、さらに、自社製品である食品加工機械にまで踏み出している。専用機は機械・電子制御技術の総合的な力が必要であり、機械金属工業の中核を成す。機械・電気・電子技術の要素技術の総合性が求められる。優れた（厳しい）ユーザーと幅が広くレベルの高い要素技術が求められる。

この点、北海道では機械金属工業が未発達であり、要素技術の拡がりに乏しい。そのような場合、

自社製品のカボチャ乱切り機

専用機メーカーは多様な加工機能の内部化が必要となる。シンセメックの場合は機械加工から出発していることから、機械加工部門が基礎となり、専用機部門が発達した。この二つが両輪となっている。ただし、表面処理は本州（川崎、秋田、仙台）、鈑金は近間、機械加工は近間と秋田であった。北海道の機械金属工業がもう一つ豊かなものになるためには、このような領域の充実が課題とされる。

また、シンセメックの主力の専用機、部品加工のいずれもが受注生産が基本であり、ユーザー側の事情に大きく左右される。このような点を乗り越えていくには、自社製品を持つことが課題となるであろう。シンセメックの場合は、当面、カボチャ切り機械がそのような意味を持つことになる。機械加工や専用機生産と自社製品では、仕事の質がかなり異なる。また、取引先も相当に異なり、営業の仕方も大きく異なるであろう。

シンセメックの「『想い』を『形』に」という言葉に凝縮された経営理念をベースに、北海道に登場した専用機メーカーとして、新たな可能性に向かうことが期待される。

【より深くとらえるための本と論文】

関満博「北海道の地域産業振興と中小企業」『商工金融』第五五巻第四号、二〇〇五年四月

関満博・柏木孝之編『地域産業の振興戦略』新評論、一九九〇年

その他は、第229話と同じ。

第233話

茨城県ひたちなか市

企業城下町で自立的に自社製品開発
――産学連携で新たな世界に「イイダ電子」

逆風突破の鍵

KEY to BREAKTHROUGH

企業城下町企業から飛躍する

❶ 鉄鋼、造船等では各地で企業城下町が形成されているが、電機系の巨大な企業城下町としては茨城県日立市及びその周辺地域が知られている。ただし、一九七〇年代以降、電機産業の構造変化、特にアジア、中国の台頭によって、大手電機メーカーは、従来のような形で国内に生産基盤を一括して保有することはできなくなっている。その結果、特定企業を頂点とする企業城下町のスタイルを維持することは難しいものになってきた。

❷ この点、以前から、企業城下町の中小企業に対しては、自立化が求められていたのだが、なかなか、それは難しい。そのような中で、日立との付き合いの中で身に着けてきた技術をベースに独自的な方向に向かう中小企業が登場しつつある。

❸ イイダ電子は日立が浸透している地域の中で、日立依存からの飛躍を意識し、「自社製品の開発」「市場シフト」を強く意識、多様な製品展開に取り組み、世界初の「非接触交流電圧センサ」を開発することに成功していく。今後、電力の世界に小規模な自然再生エネルギーが入り交じり、電圧の監視、コントロールの必要性が大きくなる中で、注目されているのであった。

茨城県ひたちなか市は、一〇年ほど前の平成の大合併時に勝田市と那珂湊市が合併して成立している。南に水戸市、北に東海村、日立市が控えている。ＪＲ常磐線沿線のこのあたりは日立製作所が幅広く展開、その企業城下町を形成してきた。ひたちなか市の中心であるＪＲ勝田駅周辺には日立製作所那珂工場、日立工機が立地している。茨城大学工学部は日立市、茨城高専はひたちなか市に立地している。このあたりは茨城県及び常磐線沿線の工業集積の中心を構成していることになる。

特に、日立関連の集積が大きく、地域中小企業の多くはその協力工場として歩んできた。また、中小企業も日立からの独立創業が多く、人材的にも日立経験者が目立つ。日本の典型的な企業城下町の一つといえる。だが、バブル経済崩壊以降、景気の変動はあったものの、趨勢的には日立の仕事は減少しており、中小企業は自立的な取り組みを求められてきた。

飯田明由氏

廃業しようとする父の会社を引き継ぐ

イイダ電子の前身の飯田電子工業の設立は一九七〇年、現経営者の飯田明由氏（一九六六年生まれ）の父（一九三七年生まれ）が設立した。先代はひたちなか市の有力中小企業であるコロナ電気で設計の仕事に従事していたが、当時、コロナ電気の業績が低下し、自宅の近くで創業している。池上通信機、平沼

イイダ電子の開発部門

産業等の理化学機器の電気回りの設計に従事していく。一九七五年には現場に持ち歩ける「デジタル位相計」を開発、発売は京浜電測機のブランド名であったが、日本の標準機となり、これまで四〇〇〇台は売れ、現在でも続いている。電気には「電力」「電圧」「位相」があるが、「位相」を測定するものであった。一九八〇年には現在のイイダ電子に社名を変更、一九八六年には現在地の房田《ぼうだ》工場を開設している。その頃は従業員五～六人の規模でやっていた。

飯田明由氏は文系の大学を卒業後、日立製作所関連の企業に勤め、大阪の営業所でスーパーコンピュータ、大型コンピュータを販売する仕事に就いていた。父は飯田氏が戻ってくるとは考えておらず、六〇歳の前後には会社をクローズすることにし、その頃には従業者は、父、母、パートタイマー一人の三人体制にしていた。借金もなく、いつでも廃業できる形にしていた。そこに、一九九六年、飯田氏は三〇歳で戻ってきた。

飯田氏は「人のしがらみがない。借金もない。父に技術がある。何かしたい」と考え、新たな営業を開始する。技術をアピールしていくことは難しく、スポーツアミューズメント機器でアピール、開発の仕事を受けていった。人材も少しずつ増やし、現在の従業員は一五人（男性一一人、女性四人）となっていた。日立関連企業からの中途採用も少なくない。日立市、ひたちなか市周辺にはこのよう

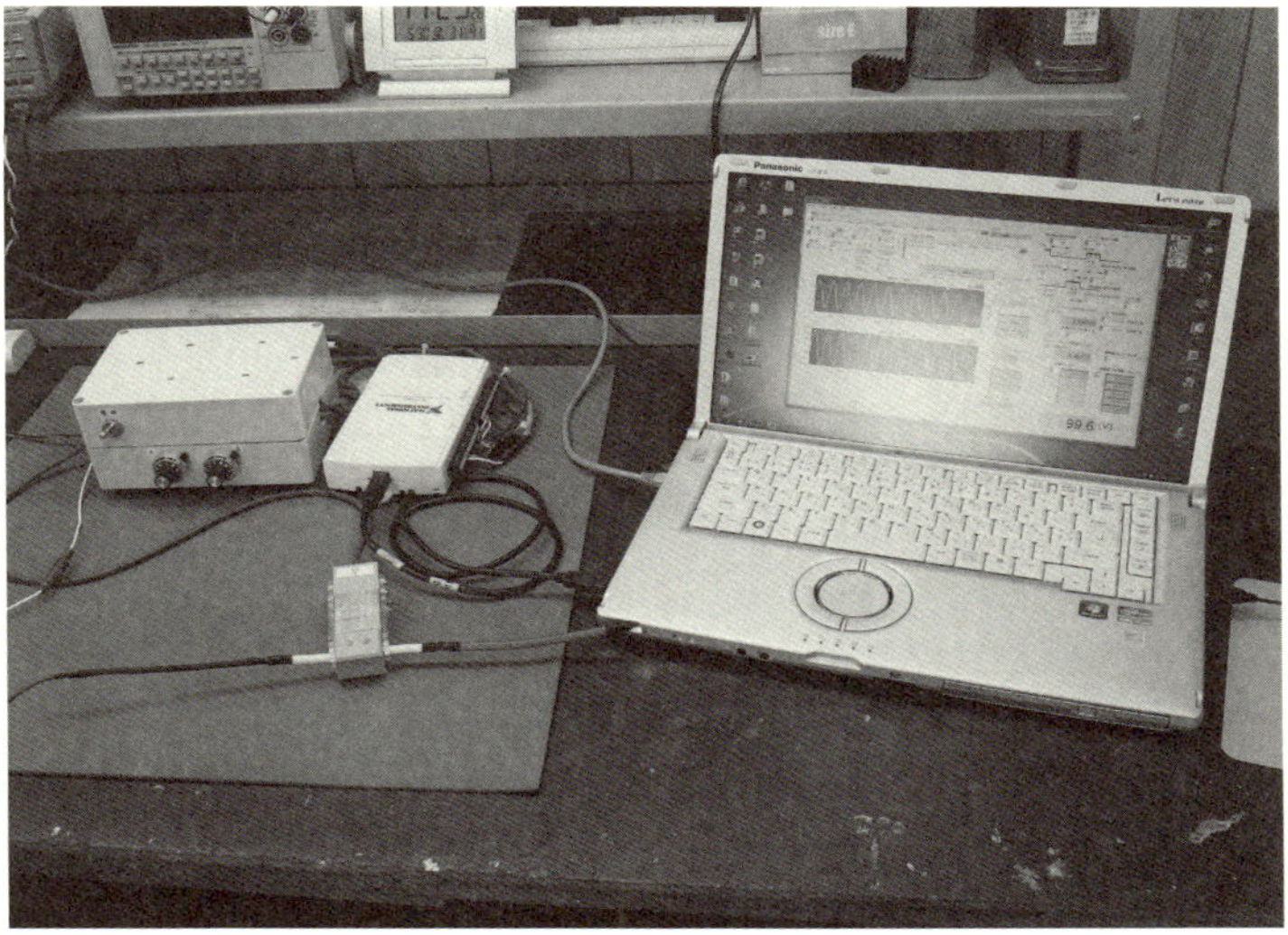

世界初の「非接触交流電圧センサ」

な日立をベースにする人材調達の背景がある。

大学、研究機関との交流から新たな世界に

現在のイイダ電子の事業領域は、一つは電子応用機器の設計、製造、販売であり、電力用測定器、理化学機器、コンピュータ応用自動制御、温度コントローラ、無接触（磁気）センサなど。もう一つの柱の受託開発では、アナログ回路設計、デジタル回路設計等のハードウエア開発と、組込ソフトウエア開発、システム制御ソフトウエア開発、スパッタリング制御ソフトウエア、熱物性計測ソフトウエアなどとなっている。このような中で、自社製品開発に向かい、当面は「非接触交流電圧センサ」「デジタル位相・周波数計」「水道バルブセンサ」「高速インターロック装置」などがあげられていた。

リーマンショック前の二〇〇八年の売上額は約一億円であったのだが、リーマンショックの影響もさほどなく、二〇一二年には一億七五〇〇万円、二〇一三年には一億八三〇〇万円と、ここに来て順調な歩みとなってきた。特に、近年の売上額増に寄与しているのは、大学、研究機関との交流によるところが大きい。特に、この数年の取り組みとして、従来の日立関連への依存（六〇～七〇％）からの脱却を意識して取り組んできた成果が現れている。「自社製品の開発」「市場シフト」が強く意識されていた。特に市場シフトに関しては、仕事の減少、価格低下の著しい日立関連の仕事ではなく、設計の比重を高め、大学、研究機関にエネルギーを向けてきたことが奏功していた。

特に、アメリカの大手計測器メーカーのナショナル・インスツルメント（ＮＩ）社とパートナーシップの関係を取り結ぶことができたことが大きい。ＮＩ社は東京に日本法人を置き、大学、研究所、原子力機関等に計測器を納めている。イイダ電子にはＮＩ社のシステムインテグレーターの資格を有する従業員がおり、新たな領域を切り開くことができた。現在、大学、研究機関の売上額は一五％程度だが、今後、拡大していくことが期待されていた。

世界初の「非接触交流電圧センサ」の開発

ここに来てイイダ電子で注目されるのは、世界初の「非接触交流電圧センサ」の開発であろう。従来、交流電圧を測定する場合、テスター、マルチメーターにて電線の導体に直接接触させて計測を行っていた。感電事故の危険性が大きかった。そのため非接触型のセンサの開発が求められていた。すでに長野県のメーカー（坂城町、西澤電機計器製作所）により非接触電圧計が発売されているが、電線の形状・測定電圧により一五％程度の誤差が発生するなど、精度を出していくことが難しかった。

この点、イイダ電子の非接触交流電圧センサは電線の太さ、形状、被覆の素材等に関係なく被覆の上から計測可能であり、誤差が一％以内の安定した計測を実現している。そのため安全性、作業の効率は著しく改善されることになる。

特に、これまでは電気は東電などの大手が一方的に供給するものであり、電圧のある程度の安定も期待できた。ただし、今後は小口の太陽光発電、風力発電等が入り交じる状態になり、電圧を監視、コントロールする必要性が大きくなっていく。そのような意味では、非接触交流電圧センサの必要性は高い。なお、飯田氏の弟の飯田智巳氏（一九六九年生まれ）は、電子技術者であり、日立製作所に五年ほど在籍して家業に合流、非接触交流電圧センサ部門のリーダーとして開発に携わっていた。ここにも企業城下町らしく、日立の存在が横たわっていた。

当初、このテーマは保安協会の漏電チェックの中で、電流は非接触で計測できるものの、電圧を計測できないという現場の要請から出発したものであった。二〇一〇年頃からイイダ電子の社内で開発を進め、大学等に声を掛けたが反応が乏しかった。その後、茨城高専と共同開発を進め、二〇一一年には特許を取得している。今後は具体的に製品化に向かうわけだが、新たな技術、製品を理解してもらうことは容易でない。飯田氏は「何もないところに売り込みにいくのは、たいへん」と語っていた。「電子立国」とされた日本は、多様な魅力的商品を産み出し、世界に称賛されていたのだが、量産部分の大半は一九九〇年代中頃から一気にアジア、中国に移管されてしまった。そのような状況の中で、国内に残る電子メーカーは、特殊な部門で新たな可能性を模索していくことが求められている。そのような意味では、企業城下町とされた日立・ひたちなかの中小企業により、このような新たな取り組みが重ねられていることの意味は大きい。

【より深くとらえるための本】
第229話と同じ

第234話

大分県佐伯市

製缶、鈑金、機械加工、溶接、組立、塗装までの一貫加工を実現
——地方企業として何にでも対応「クニナリ」

逆風突破の鍵

KEY to BREAKTHROUGH

時代の変化に敏感に対応する

❶ 鉄鋼や造船の企業城下町の場合、地域に関連中小企業を生み出していくが、いずれも限られた加工機能にとどめられてしまう場合が少なくない。特に、造船の城下町の場合、エンジン生産をしていない場合は、製缶、溶接が主軸になり、精密機械加工等の機能は発達しない。大分県佐伯市、元々、海軍航空隊が立地し、また呉の海軍廠の支所が置かれていた。こうしたことを背景に造船業が発達し、現在でも中規模の造船所三社が立地している。

❷ このような事情から、中小機械工業が生まれてきたが、その多くは製缶、溶接を業とするものであった。家業に戻ったクニナリの現経営者は、劇的に機械設備、販売先を変えていく。わずか一〇年ほどの間に、精密鈑金を軸にするものに変わり、ユーザーは九州の半導体関連産業になっていた。

❸ ただし、その後、日本の半導体は冬の時代を迎えることになり、クニナリは今後の発展を見込める医療機器、食品関連に焦点を移し、さらに高性能機械の導入に励んでいる。さらに、周囲に関連企業を期待できない地方という条件の中で、機械金属工業の要素技術の大半を内部化し、何にでも対応できる形を形成しているのであった。

（左）トルンプの複合機　（右）石田昌康氏

近間に限られた受注先しか望めなかった地方の中小製造業の場合、事業領域や加工機能が限定されてしまう場合が少なくない。例えば、製造業が造船業によって占められる大分県佐伯の場合、造船所の周辺に成立する関連製造業は、製缶、溶接が主軸になり、精密機械加工、精密研削、研磨、精密鈑金、金型、表面処理、プレス、プラスチック成形などの機械金属工業の基幹的な加工機能のいくつかは育ちにくい。また、造船は精密度がそれほど要求されないことから、精密な加工機能も育ちにくい。さらに、造船は個別生産であるため量産機能も育ちにくい。このように、地域産業の向かっている方向により、地域に成立してくる中小企業の発展の方向は大きく規定される場合が少なくない。

そして、造船業という地域の基幹産業が大きな構造転換を迎えることが予想され、新たな方向に向かおうとするならば、それまでに形成されてきたその企業の構造的な特質が大きな制約になっていくことが懸念される。そのような環境を突破していくには、相当の強い意思と集中力が必要とされるであろう。

この佐伯の地で、造船の艤装品の製缶に従事してきた中小企業が、二代目になってから劇的な方向転換を行い、新たなタイプの中小企業に変貌してきていた。そして、さらに新たな方向に向かおうとしているのであった。

造船向け製缶から、半導体関連へ

佐伯市街地の外れのあたりの湾岸に立地するクニナリの創業は一九七一年、製缶加工による船舶の艤装品を手掛けていた。それ以前には、同じ場所で鍬、鎌等の鍛冶屋が家業であったとされている。二代目社長の石田昌康氏（一九五八年生まれ）は、長崎造船大学（現長崎総合科学大学）を卒業後、遠縁にあたる地元の三浦造船に勤める。設計部門で三年ほど働いた。その後、家業に戻るが、当時すでに造船は構造不況業種であり、船舶向けの製缶・溶接の将来は展望できなかった。

家業に戻り、当時注目され始めていた精密鈑金、レーザー加工などに関心を寄せ、三〇年前のその頃にレーザー加工機を導入していった。その後、石田氏は三〇代中盤にはいったん家業から退き、宮崎の京セラに勤めていく。京セラでは太陽光発電の営業に従事していた。

二〇〇三年の頃に京セラを退職し家業に戻ってみると、縮小し従業員は八人になっていた。そこから精密鈑金、精密機械加工設備を積極的に導入、九州に拡がっていた半導体関連企業への営業をかけ、三年ほどで従業員を四〇〜五〇人規模に戻している。

YAG レーザー溶接機

なお、京セラを退職したものの、販売した得意先も多く、そのケアも必要なことから、太陽光発電装置の販売、施工のためのサン・ジャパンを設立（登記上の本社は佐伯）し、商圏を大分県と考え、営業拠点を大分市内に置いている。大分営業所には従業員八人を置いてある。

この一〇年で劇的に変化

家業に本格的に戻って一〇年、この間、精密機械加工、レーザー加工、精密鈑金加工、溶接に力を入れ、少し前までの九州地区の半導体関連産業の発展に歩調を合わせ、技術レベルを高めてきた。機械設備も精密機械加工ではマザックの複合加工機（ＩＮＴＥＧＲＥＸ）、鈑金部門ではトルンプのレーザー×パンチングの複合機、レーザー加工機を導入している。導入機は各社の特色を受け止めトルンプ、アマダ、三菱電機といったこの世界の有力企業の機械設備を設置、基本のタレパン、シャーリング、プレスブレーキはアマダで装備していた。さらに、溶接部門には最新式の日本ウェルディング製のＹＡＧレーザー溶接機も導入している。機械設備を眺めただけでも、石田氏の意欲が伝わってくる。

だが、その後、日本の半導体産業は縮小。その結果、かつて七〇％ほどを占めていた半導体関連の売上額は、現在では数％のレベルに低下している。むしろ、現在は医療機器、食品加工機械（業務用冷蔵庫の鈑金、食品加工用架台等）、建築関係（津波防止用扉等）、専用工作機械（ポリエステル生産ラインの一部等）、航空機と原子力発電の一部などと幅の広いものになっている。

現在では特定のユーザー依存ではなく、大分県は少なく、むしろ山口県から鹿児島県までが主たる商圏となっている。取引先は一〇〇社前後となり、毎日入ってくる仕事は異なっている。二〇〇八年秋のリーマンショック以前は従業員六五人を数えたが、その後、減少し、現在では五〇人（女性七〜八人）となっていた。ただし、佐伯市内の人はいない。周辺及び大分市内からも通っていた。石田氏は「当社は、佐伯市内ではほとんど知られていない。工場の中をみて、みんな驚く」と語っていた。佐伯周辺の中小企業の中で、この一〇年でこれほど変わったところはないのではないかと思う。なお、社名の「クニナリ」は、屋号の「國成」からとっていた。

クニナリの会社案内をみると、「創造への情熱と未知への挑戦！」と題し、「当社では自動機、搬送機械のシステム設計や製品化を行います。各種製缶加工から、レーザー加工、精密鈑金加工、溶接、仕上げまで、自社で一貫して製品づくりを行っています。食品、医療、ＩＴ関連、建築金物、船舶等、幅広い分野の加工品に対し、創造力で新しい可能性に挑戦しております」と掲げていた。

石田氏はかつての半導体関連依存から脱却し、特定取引先に依存しない形を作り上げつつあるが、「九州はパイが小さく、動きがとれない」と振り返っていた。石田氏自身、次の時代は「医療、食品」と語っていた。おそらく、機械関連産業で日本国内に残り、しかも将来的にもパイが拡大することが期待されるのは「医療」と「食品」の部門であろう。

医療、食品といっても多様な領域がある。医薬品製造、製菓製造などはほぼ自動化は完成の域にある。今後、大きな課題となるのは、人口減少、高齢化に関連する領域であろう。医療、介護の現場、畜産加工、水産加工の現場では、作業が依然として労働集約的なものが少なくない。そして、次第にその担い手がいなくなる。このような領域は、人口減少、高齢化の中で、供給面、需要面でも深刻なものになり、その「現場」に大きな課題が残されている。そのような領域に踏み込んでいく必要があるのではないか。それは、日本の「現場」の問題を解決することばかりではなく、世界性を帯びてこよう。

高齢化と人手不足が進む成熟した日本の「現場」から、新たな可能性を導き出していくことが求められているのである。

【より深くとらえるための本】

第２２９話と同じ。

第235話

新潟県魚沼市（旧広神村）

超微細成形で独自の世界を拓く
——痛くない注射針の量産化を可能に「山田精工」

逆風突破の鍵　KEY to BREAKTHROUGH

射出成形の極小製品に特化していく

❶　一九八〇年代までは、「電子立国日本」とされていたのだが、九〇年代に入ってからは一気にアジア、中国移管が進み、さらに、韓国、台湾、そして中国が相次いでこの領域に参入、特に電子部品は大半がアジア、中国製に変わっていった。そのため、日本の電子部品に関わる中小企業は深刻な状況に追い込まれる。

❷　そのような事態の中で、国内に留まっていくためには特色のある領域に踏み込んでいくことが求められた。新潟県魚沼地方、「コシヒカリの里」として知られているが、かつて立地していたアルプス電気の影響から、電子部品生産に従事してきた中小企業が少なくない。そうした中から、際立った技術を身に着ける中小企業が登場してきた。

❸　超小物にシフトしてきた射出成形メーカーである山田精工は、不可能とされていた射出成形による「痛くない注射針」の量産化を成功させた。これまでの痛くない注射針は、金属をロールしていくために量産が難しく、また、導管が細いため、注射液が体内に入りにくいと課題があったが、生分解性樹脂を利用し、一・二ミリの針を一二本立てることによって解決させたのであった。

（左）山田精工の社屋　（右）井口孝司氏

新潟県の魚沼地方は「コシヒカリの里」として知られているが、もう一つ、かつてアルプス電気の小出工場があり、そこから大量の独立創業者が生まれ、興味深い中小機械金属工業集積を形成してきたことでも注目される。ただし、現在、アルプス電気の工場は新潟県では長岡工場を残すのみとなり、魚沼には既にない。このアルプス電気から生まれ、あるいはその影響を強く受けてきた中小企業は小物、電子部品に展開している場合が多かった。ただし、このような領域はアルプス電気がそうであったように、一九九〇年代の中頃には国内生産は難しくなり、一気にアジア、中国に移管されていった。

その場合、国内に残る中小企業は独自な新たな展開を余儀なくされていった。ここで採り上げる山田精工は、そのような枠組みの中から独自的な方向に向かっていった一つの典型として注目される。

山田精工の金型部門／若い人が多い

創業一族から事業を引き継ぐ

山田精工の創業は一九七三年、第一次オイルショックの年であり、新潟県北魚沼郡広神村山田（現魚沼市山田）で開始している。当初は地元のアルプス電気の下請仕事で、磁気ヘッド用硬化性圧縮成形（コンプレッション）でスタートしている。一九七七年には熱可塑性射出成形に入り、一九八〇年には樹脂成形用金型設計・製作に踏み込んでいる。一九八六年には「フープ成形ボビン」の生産を開始し、一九八七年には現在地である魚沼市今泉に主力工場を移していく。現在地は旧広神村役場跡地（約五八〇〇平方メートル）であり、建物を改築して入居した。一九八九年には本社も現在地に移した。

一九九〇年代に入ると、九三年からはＦＤＤ用磁気ヘッド用ボビン（糸巻）、ＨＤＤ用磁気ヘッド用ボビンといった極小ボビンの世界に踏み込んでいく。大きなものはその頃には一気にアジア、中国に移管されていった。マイクロモーター部品、ケータイ電話部品などを手掛け始めた。その頃から、国内の電子部品は冬の時代を迎えていく。

現社長の井口孝司氏（一九五一年生まれ）は旧小出町（現魚沼市）出身、アルプス電気小出工場に勤めていたが、一九九七年に選択定年制を利用し、四五歳で退職している。その頃、山田精工の創業社長である星野氏から「一年でいいから、手伝ってほしい」との要請を受ける。一〜二年のつもりで山田精工に入社したのだが「来てみると、事情が悪く、居ついてしまった」と井口氏は振り返っていた。ほぼ同時期に入社した布沢氏（一九四五年生まれ）と二人で再建に入っていった。当時は売上額五億円に対して七〇〇〇万円の赤字があった。

山田精工の樹脂成形部門

従業員四五人を三六人に減らし、従来からの役員には退いてもらい、二人で内外に対してやるべきことを決め、銀行と調整を重ねながら再建に向かっていった。資本金を一〇〇〇万円から三〇〇〇万円に増資し、創業家族から株を買い取り、従業員持株も進め、同族色のない株式会社として再建している。現在の株主は一六人（うち従業員五人）に及び、創業一族関係者は創業者の夫人一人（三・三％）にしていた。当初一〇年間は布沢氏が社長、その後は七年前から井口氏が社長に就いている。銀行に対しては、布沢氏と井口氏が連名で保証する形で対応してきた。

超小物部品にこだわる

この間、電子部品、射出成形品のアジア、中国移管はすさまじく、従来品を止めながら、超小物の領域に入っていく。その頃に、中越地震（二〇〇四年一〇月二三日）に遭遇、天井は落下し、機械が転倒した。これに対し必死に対応し、四八時間で再稼働させたものの、受注は一気に二五％失っている。翌二〇〇五年には小物に特化すべく大型成形機（五〇～一五〇トン）を全て処分した。その後は必死に超小物の世界に力を注いできた。そして、二〇〇九年にはリーマンショックの直撃も受けている。

このように、電子部品のアジア、中国移管に加え、中越地震、リーマンショックと重なってきたが、山田精工は魚沼の地で必死に超小物の領域にこだわってきたのであった。現在の山田精工の取り扱っている成形品の重量の平均は〇・一グラムほどであり、最小は一万分の一グラムとされていた。光ドライブ用部品などは月に二五〇万個も生産している。金型設計は一〇〇％社内、金型部品の加工は周辺の外注に七〇％依存、組立調整は一〇〇％社内としていた。製品はケータイ電話用のレンズホルダー、ベース、端子ボビンなどの超小物部品であり、最終ユーザーとしては、アルプス電気、ミツミ電機、キヤノン電子、ＴＤＫ、パナソニック、アルパイン、ＪＶＣケンウッドなどであった。直販も

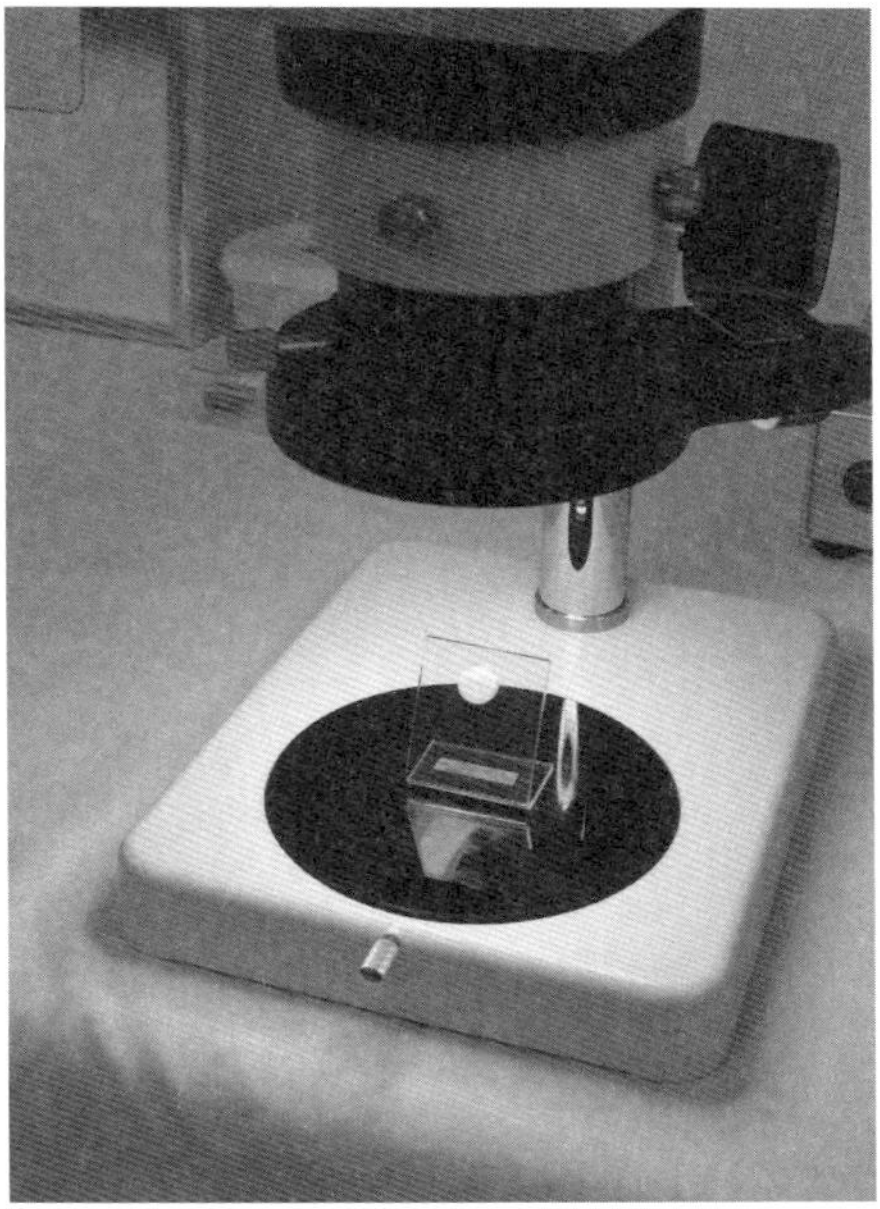

顕微鏡でのぞくマイクロニードル

あるが捲線メーカー経由も少なくない。

設備は３ＤＣＡＤを中心に金型生産設備を一通り備え、成形部分は五〜一〇トンが二一台、一五〜五〇トン二一台を中心にしていた。流動解析ソフトや走査型電子顕微鏡（ＳＥＭ）も備えていた。現在の従業員数は四八人、定年再雇用の人を除き全員を正社員としていた。いずれの職場も三〇歳前後の人が目立ち、平均年齢は三九歳と若い企業であった。

サポイン事業でマイクロニードルの世界に入る

戦後の日本をリードした機械金属系の事業領域は、一九九〇年代中頃から一気にアジア、中国移管が進み、国内のモノづくりをどのようにしていくかが問題にされている。そのような状況の中で、国は機械金属工業の「基盤技術」の維持、高度化を意識して二〇〇七年に「中小企業ものづくり基盤技術高度化に関する法律（中小ものづくり高度化法）」を制定、「戦略的基盤技術高度化支援事業（サポイン事業）」を推進している。

この事業は全国各地で幾つかの成果を上げているが、新潟県の場合、二〇一〇年に新潟県工業技術総合研究所（公設試）の協力を得て、山田精工が超微細成形による「マイクロニードル」の開発に踏み出している。これは数年前に東京墨田区の岡野工業が開発した「痛くない注射針」の実用化に向かおうとするものであった。人間の皮膚の中には痛点があるが、太さが〇・〇八〜〇・〇九ミリの鍼灸の針は痛さを感じさせない。この太さの注射針であれば痛点をかなりの確率で避ける事ができる。岡野工業の場合は金属板を超薄くロールに整形して作られている。ただし、量産は難しく、また、医療の現場では導管が細いため注射液を送り込むことに時間がかかるという点が指摘されていた。

このような課題に対し、山田精工は特殊な樹脂（ＰＧＡ［ポリグロコール酸］）を用い、円形の台座（直径九ミリ）に高さ一・二ミリ、先端外径〇・〇九ミリ、先端内径〇・〇六ミリの針を一二本立てるというものであった。液体はマイクロポンプにより送り込むことになる。鍼灸の針とほぼ同じ太さの注射針が長さ一・二ミリで一二本が立ち、一気に注射液を送り込むことができる。材料は樹脂であり量産も可能であろう。しかもこの樹脂は生分解性であり、仮に折れて体内に残っても溶けてしまう。

このような画期的なマイクロニードルが魚沼の中小企業から生まれてきたのである。二〇一二年には試作品が完成し、現在、医療機器メーカー、製薬会社などと実用化に向けている。量産化、発売を二〇一六年と置いていた。

一九九七年にアルプス電気を退職して入社、電子部品のアジア、中国展開の波にさらされ、国内で生き残れるものを模索し、超小物の世界を切り開いてきたが、ようやく「医療」関係の領域で新たな可能性をつかんだといえそうである。苦節一七年、ここまでをリードしてきた井口氏は六一歳、若手を育て同族色をなくしてきたが、次のリーダーを社内の若手に期待していた。社内をめぐると、新たな可能性を痛感している職場の印象が強く横たわっていた。日本の電子部品関係の中小企業の多くは、依然として次の方向を見出し得ていない場合が少なくない。この山田精工の取り組みはそのような企業に大きな勇気を与えているようにみえた。

【より深くとらえるための本】

第229話と同じ。

第236話

大分県佐伯市

一社依存の地方企業から幅広い展開を目指す
――三代目が受注先を拡げる「ニシジマ精機」

逆風突破の鍵 KEY to BREAKTHROUGH

大物機械加工をベースに装置物に向かう

❶ 鉄鋼や造船の伝統的な企業城下町の場合、周辺に関連する中小企業が成立していくが、その多くは、中心的企業の都合により、加工機能が偏在していく場合が少なくない。中規模造船企業を軸にする企業城下町では、エンジンを他から調達することから、周辺の中小企業は製缶・熔接を軸にするものに傾斜していく場合が多い。

❷ 大分県佐伯市は、中規模造船企業三社による企業城下町を形成してきたことから、製缶・熔接以外の機械金属工業の要素技術の蓄積に乏しかった。こうした中で、都会で旋盤加工を学んだ先代が帰郷し、エンジンの修理等に踏み出していった。ただし、佐伯にはそのような仕事は乏しく、関西方面まで受注先を拡げていった。

❸ そして三代目が入社して以来、そのような取組みを積極的に重ね、現在では受注先は広く一〇〇社以上となっている。特に、大物機械加工設備を充実させ、一品の装置物にも踏み出すなど、地方にあって独自な形を形成してきている。全国的にみても、大物加工のできるところは少なくなり、貴重な存在として注目されているのであった。

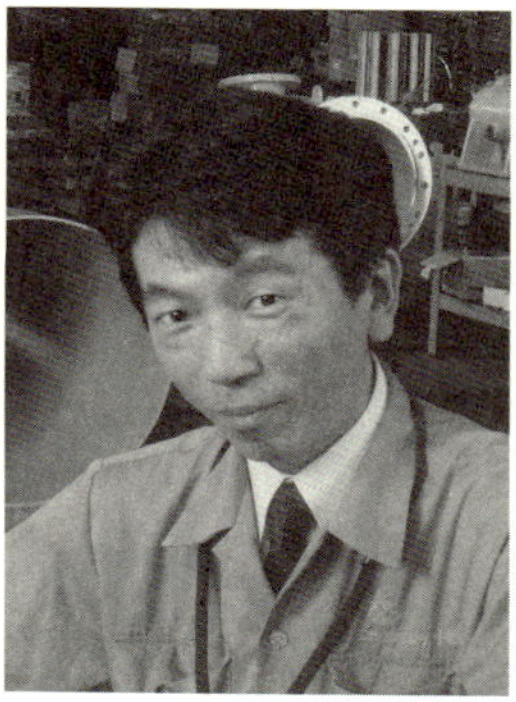

（左）ニシジマ精機の製品　（右）西嶋真由企氏

大分県佐伯市、交通体系上、少し前の時代まで辺境に位置していたものの、江戸時代は毛利藩の城下町であり、昭和戦前まではリアス式海岸を背景に海軍の基地として歩んできた。このような事情から、漁業、水産加工業を発達させたが、もう一つ、戦前戦中の軍港という事情から造船業を発達させた。三浦造船、佐伯重工業、本田重工業といった中規模企業による造船業集積を形成してきた。これらの造船企業は数千トンから二万トン程度の船舶を建造していくが、それらをサポートしていくものとして製缶・溶接、艤装関係の中小企業を周辺に成立させてきた。佐伯は中規模ながらも造船の企業城下町としての性格も帯びているのである。現在でも、関連企業を含めて佐伯には造船関連従業者数は八〇〇人を数えるとされる。

この造船業、一九八〇年代中頃以降、大きな構造変化に見舞われてきた。韓国、中国といった造船新興国の登場、過剰船腹といわれながらも、タンカー座礁事故以来の二重船底問題による特需の発生（一九九〇年代末）、アジア経済の発展による船舶需要の拡大など、この三〇年ほどは起伏が大きく、全体的な傾向として日本の造船業は構造不況業種といわれながら縮小再編傾向を深めてきたのであった。

そのような中で、佐伯の造船関連中小企業は地域需要からの脱却、脱造船を課題として取り組んできたところも少なくない。その一つの典型的な企業としてニシジマ精機がある。

エンジン修理の機械加工から始まり、総合的になる

ニシジマ精機の創業は一九四八年、初代が旋盤数台によって現在地（佐伯市大字戸穴）でスタートしている。初代は大阪に修業に行き、何社かを経験する。帰郷後は太平洋セメントに入社した後、独立創業した。当初は地元佐伯の造船所を対象に船舶部品の修理に従事していたが、その後、エンジン部門の加工、組立、据え付けに向かっていった。ニシジマ精機が大きく変わるのは二代目社長の西嶋眞人氏（一九四四年生まれ）が入社してからであり、三菱重工（広島）の仕事を受注して以来であった。

造船の企業城下町の場合、エンジンを生産しているかどうかが産業集積に重大な影響を与える。エンジンを生産している地域の場合は、特に機械加工部門が重要性を帯び、高いレベルの機械加工型中小企業を成立させていく。三菱重工の長崎、三井造船の岡山県玉野などはその典型であろう。逆にエンジン生産を行っていない造船基地の場合は、機械加工は修理などだけであり、むしろ製缶・溶接と

ニシジマ精機の現場の五面加工機

いった領域が中心になる。佐伯の場合はエンジンは他の地域から調達している。そのため、製缶・溶接の仕事の幅は広いが、機械加工系は相対的に脆弱である。

このような中で、ニシジマ精機は旋盤加工から入り、エンジン部品の修理に従事するという佐伯では異色の存在であり、そのことがその後の歩みに大きな影響を与えている。エンジン部品の修理、大型機械設備の設計、加工、組立、据え付けがニシジマ精機の特色となっていった。特に、三菱重工（広島）との付き合いの中で、そのような大型機械設備向けの加工、組立をこなせる総合的な力が蓄えられていったものとみられる。

関東まで受注先を拡げる

二〇一四年に三代目社長に就任した西嶋真由企

氏（一九七二年生まれ）は長男ながらも、家業を継ぐ気持ちはなかった。弟二人が専門学校を出て会社に入っていた。ところがバブル経済崩壊後の大学を卒業する頃に、父から「会社がつぶれそう。手伝え」との要請が入り、一九九六年に入社している。その頃は従業員八八人、仕事の九五％は三菱重工の仕事であり、圧延機などの大型プラント設備の部品の製造をメインとしていた。

西嶋氏は「三菱一社ではダメ」との判断の下に、現場仕事に従事しながら果敢に営業に回っていった。大手からは相手にされないことから、ターゲットを従業員五〇〇〜一〇〇〇人の中規模企業に置き、九州地区から瀬戸内海周辺を攻めていった。ニシジマ精機の最大の特徴は、大物機械加工ができることと、プラントものの設計から加工、組立、据え付けまでできることであり、コストも広島、岡山あたりの瀬戸内地域よりも低いという点にあった。

このような取り組みが実を結び、現在では受注先は全体で約一〇〇社、地域的な範囲は関東の千葉にまで及んでいる。主要取引先としては、三菱重工（広島）、三井造船（大分）、新日鐵住金、三菱重工（長崎）、SES連鋳エンジニアリング、ヤクテツ、テラダ産業に加え、地元の三浦造船、佐伯重工業、本田重工業などである。かつて圧倒的な存在であった三菱重工の比重は大幅に縮小している。主要な製造品目は、製鉄機械では各種搬送ローラー・ステアリング装置、サイドガイド、真空余熱装置、ノロ割装置、ロータリーバルブ、スクラップチョッパー、スリッター、引抜装置、ピンチロール等である。船舶用としては舵及び舵頭軸、舵頭受金物、水蜜ドア装置、甲板係船ローラー、船用ディーゼル部品等の機械加工等であった。

三菱重工一社依存からの脱却に向けて、一社二〇%までをテーマにしてきたが、近年、三井造船（大分）のガントリークレーンの足の部分の比重が三五%にもなり、問題視していた。他の受注を増やすことで解消していくことを目指していた。新規受注としては火力発電用タービンのブレード、富士電機の水力発電用部品などを視野に入れていた。

売上拡大と付加価値を高めていく課題

西嶋氏が入社して一八年、社内の状況も相当変わってきた。従業員は四八人（女性二人）、平均年齢は三〇代後半であり、売上額は約六億円となっている。主力の三井造船の仕事は材料支給が多いものの、付加価値はやや小さい。全体的な売上額増加のための営業努力、さらに加工技術をさらに高め付加価値を上げていくことが課題となっているようにみえた。

工場内をみると、大型機械加工設備の充実ぶりが目を惹いた。門型五面加工機（オークマ、新日本工機）、門型MC（オークマ）、大型のCNC横中ぐり盤（倉敷機械三台）を中心に、横型MC、立型MC、プラノミラー、CNC旋盤等が大量に設備されていた。他方、製缶ものは外注によるようであった。佐伯のような造船基地には製缶部門の企業は少なくない。それらを外注として組織し、社内では設計、機械加工、組立（溶接）が行われていた。

近年、日本経済の縮小傾向の中で、全国的にみて大物の機械加工、大物機械設備の設計・加工・組立をできる企業が少なくなっている。佐伯という中小規模の造船の城下町で育ったニシジマ精機は、むしろ部分的な加工だけではなく装置製作までの総合的な力を身に着けていかざるをえなかった。そうしたことが辺境の佐伯に立地している最大の特徴となろう。今後、中長期には国内市場全体は縮小し、むしろ要求水準が高くなっていく。それに応えられる企業としての新たな一歩が求められているのである。

【より深くとらえるための本】
関満博・岡本博公編『挑戦する企業城下町／岡山県玉野』新評論、二〇〇一年
その他は、第229話と同じ、

第237話

東京都墨田区

下町の町工場の典型として継承する
——泊まり込みで技術習得、無くなる技術を引き受ける「岩井金属金型製作所」

逆風突破の鍵
KEY to BREAKTHROUGH

東京下町の片隅で、特殊加工で生き延びる

❶ 東京の墨田区、大田区、さらに東大阪市などの工業集積の著しい大都市の工業地域では、中小零細工業が特殊な領域で専業化し、全体として幅の広い技術集積を形成していることで知られる。特に、墨田区の場合は集積の歴史が長く、日本の日用消費財産業の発祥の地として、これまで重要な役割を演じてきた。集積の深まりの中で、独立創業が繰り広げられていたのである。

❷ だが、一九七〇年初頭をピークに、墨田区の中小企業は激減していく。かつて九七〇〇工場とされたのだが、最近では二八〇〇工場とピーク時の三〇%を切る水準となっている。このような中で、際立った特殊な領域の加工技術の存続が懸念されている。

❸ 岩井金属金型製作所、創業以来八〇年を重ね、金型、プレス加工に従事してきた。特に、一世を風靡したガスライターのケース、タンクの絞り加工技術で注目されてきた。ただし、ガスライターは百円ライターに駆逐されてしまう。その後、近間の「六角矢突き加工」という特殊領域に従事していた一人親方から、廃業するにあたり技術の継承を依頼され、それを受け止めていく。現在では、一個からの六角矢突き加工をできる南関東唯一の工場として存立しているのであった。

墨田区八広の路地裏にある岩井金属金型製作所

東京墨田区といえば、東京の大田区、東大阪市と並んで中小零細企業の集積地として知られている。日用消費財生産を得意とし、日本のその種の産業の発祥の地として歩んできた。戦後の高度経済成長期以降、宅地化が進み、また土地が狭隘なため、事業拡大を目指す企業は地方に生産拠点を移すなどが重なり、最盛期の一九七〇年の頃は約九七〇〇工場を数えていたのだが、その後、激減、二〇一二年には約二八〇〇工場に減少している。それでも、区市町村別では面積当たりの中小製造業の集積度は日本一であり、「中小企業のまち」「モノづくりのまち」として、住宅、商店と交じりあって中小零細企業による興味深い「モノづくり」「技術集積」「住商工混在」を形成しているのである。

戦前に小山から出てきて修業し、墨田で独立創業

墨田区北部（旧向島区）八広といえば、現在でも墨田区の中でも中小零細企業が維持、集積されているエリアである。その一角に岩井金属金型製作所が潜んでいた。金型、プレス、さらに六角矢突き加工を看板にしていた。二階が自宅、一階が工場の墨田区の中小零細企業の典型のようにみえた。

創業は一九三五（昭和一〇）年、現在の社長である岩井保王《やすお》氏（一九六九年生まれ）の祖父である

金属が５工程で絞られ、ライターケースになる

岩井巳之吉氏（一九〇五年生まれ）が創業した。農家生まれの巳之吉氏は栃木県小山の出身、高等小学校を卒業後、墨田区の小田木工業（プレス）に住み込みで修業に入った。昭和戦前のその頃は、小田木工業は小銃の薬莢を絞っていた。ここで金属の深絞りと金型を覚え、墨田区本所で工場を借りて創業している。その頃は鈴の金型を製作していた。戦時中は玉ノ井（現東向島）に住まい、本所の工場まで自転車で通っていた。戦前期の墨田区の普通の景色であった。

一九四五年三月一〇日の東京大空襲で特に本所地区は壊滅、リヤカーに荷物を載せて、徒歩で故郷の小山に向かうが、途中の茨城県堺町で空工場（茶工場）をみつけ、動力が入っていたことからそのまま借りて、一九五〇年春まで、そこで金型を製作していた。旋盤、フライス盤を揃え、タガネやバイト

（刃物）は自分で作っていた。そして、朝鮮動乱が始まる直前の一九五〇年四月に現在地の八広の土地建物を借りて再スタートをきった。

最新のワイヤーカット放電加工機が入っている

ライターでブレークし、一気に崩壊

二代目の岩井巳代治氏（一九四〇年生まれ）は、茨城から戻り、私立の関東商工（現関東第一高校）機械科に入学、卒業後は自分の意志で茨城の金型工場に修業に行っている。一年半ほど経った時に、巳之吉氏の足が悪くなり、呼び戻された。その頃は住み込みの若い従業員が四人ほどいた。彼らは後に独立、ないし他社に移っていった。墨田区ではこのようにして新たな工場が生まれていった。

巳代治氏が戻った頃は墨田区北部から葛飾区にかけては「ライター全盛時代」であり、ライターのケース、タンク、柱などプレスでやれるものは何でも取り組んだ。特に、岩井金属金型製作所の場合、深絞りが大きな特徴であった。その頃、墨田区周辺にはライターの問屋が三軒ほど存在し、関連加工部門を組織していた。後藤製作所（台東区浅草）、高野製作所（千葉県市川市）、東京パイプ（足立区北千住）が代表的な問屋であった。岩井金属金型製作所は後藤製作所のオンリーであり、「ＫＩＮＧ」ライターブランドの金型製作、プレス部品加工に従事していた。

けとばしプレスも入っている

ただし、一九七〇年代に入る頃から「百円ライター」が登場、それまでのガスライターは一気に縮小していく。それでも一九九〇年前後のバブル経済の頃は、やりきれないほど仕事が来た。ただし、バブル経済崩壊後、一気に日本のライター産業は消滅した。現在では残った問屋は中国浙江省の温州あたりの製品を仕入れて細々と販売しているのである。

知人の工場に寝泊まりし技術を習得

三代目の岩井保王氏は子供の頃から工場で遊び、セーパーなどをいじっていた。大学受験は大病して失敗、一九八九年には家業に入ることにした。入社数年後にはバブル経済の崩壊となる。仕事はほぼゼロになり、給料を借金して払う自転車操業状態となった。そのような状況の中で、他の分野への展開が意識され、従来外注に出していたワイヤーカット放電加工に関心を向ける。当時、二〇代前半の保王氏が葛飾区四ツ木の友人の工場に寝袋を持参して寝泊まりし、指導を受けながら、工場が動いていない夜間に使わせてもらっていた。当時のワイヤーカット放電加工機は一～二時間でワイヤーを結線しなければならず、付き切りの対応であった。そのうち、NCフライスも夜間に使わせてもらった。ここには五年ほど世話になった。また、金型の順送型の技術は、保王氏の中学校の先輩である埼玉県草加の金型工場から教えてもらった。下町の墨田区では、このような形で技術の伝承が行われていった。

その頃、会社はうまくいかず、廃業も考えたのだが、知人から「新しいワイヤーカット放電加工機を入れろ。保証人になってやる」といわれ、二〇〇〇年末に導入している。周囲に「ワイヤーカット放電加工機を入れますから、仕事をください」と営業し、一気にV字回復に成功していった。二〇〇八年のリーマンショックの影響もさほどなかった。

「六角矢突き加工」の技術を継承

丁度その頃、金型を供給していた墨田区鐘ヶ淵の高橋プレスから打診があった。当時、高橋プレスは八〇歳の高橋氏が一人で「六角矢突き加工」専業で仕事をしていた。

「六角矢突き加工」とは、旋盤加工されたボルト・ホーローに六角穴をプレス（一発）で加工する

（左）六角矢突き加工に励む　（右）岩井保王氏と岩井巳代治氏

ものであり、従来のスロッターや近年の放電加工に比べて著しく安価で短納期が可能というものである。この業界は数千個単位の仕事を受ける業者は存在するものの、一個から対応できるところは、東京周辺では三社しかかった。高橋プレスの他には、葛飾区四ツ木（廃業）、川崎市（廃業）しかなかった。東京下町の工業集積地の中には、このような特殊加工で専業化する中小零細工場がたくさん集積していた。

このような事情の中で、高橋氏はガンを患い、余命一年とされていた。高橋氏は「客が沢山いて迷惑がかかる。誰かに代わってもらいたい」と模索し、「金型、プレスをやっていて小回りの効くところ」として岩井金属金型製作所に着目する。打診を受けた岩井保王氏は、一週間ほど高橋プレス泊まり込み、指導を受けていった。保王氏は「こんなに簡単なものと驚くほど」であったが、それは数十年をかけて高橋氏が改良を重ねてきた結果であった。高橋氏はその全てを教えてくれ、治具も全て渡してくれた。その後、岩井金属金型製作所で治具の改良を重ね、現在では南関東で唯一、一個から対応できる六角矢突き加工の事業所となっている。なお、高橋氏は一年後には亡くなっている。

高橋プレスから受け継いだユーザーは五〇軒以上、高橋プレスの閉鎖に合わせ、高橋プレスと岩井金属金型製作所で受けながら、次第に移行し、ユーザーの信頼を引き継いでいった。その後、岩井金属金型製作所はHPを作って宣伝していったが、現在ではネットからの受注も月に一～二件は発生、遠くは北九州からも来ている。それらがその後リピーターになっていった。近くのユーザーは直接材料を持ち込み、その場で出来るのを待っている場合もある。最終のユーザーは、建機メーカー、橋梁関係、半導体製造装置、プラント系、楽器などもある。一般的には三～四日のリードタイムがあり、支払は現金とされていた。この六角矢突き加工が岩井金属金型製作所の売上額の二五％を占めていた。近年、墨田区ではこのようにして重要な技術が継承されているのである。

大都市中小企業集積の現在

事業が落ち着き、保王氏が四〇代中盤に差しかかってきた二〇一四年八月、土地建物の借金も返済し、二代目の巳代治氏が会長になり、保王氏が社長に就任した。現在の従業者は岩井父子、保王氏の夫人、女性パートタイマー（プレス）一人、それに巳代治氏の夫人が経理と検品を手伝っていた。墨田区の中小零細な機械金属加工の典型的なスタイルであった。

借金から開放され、社長に就いた保王氏は「これからは、いかに得意なものを獲得していくか。また、機械を自作したい」と語っていた。プレスの自動供給装置などがイメージされていた。ただし、現在の住宅の一階という状況では場所がない。保王氏は「三年を目処に建て直すか、別の場所を確保するか」と見据えていた。

中小零細企業が密集していた墨田区、現在ではその数はピーク時の三〇%を切るところまで来たが、小回りの利く小規模の自営業が蓄積してきた技術を「お客に迷惑がかかる」として他の信頼できる企業に譲り渡しているのであった。そして、譲り受けた若者は、さらにそれを改良し、新たな可能性に向かっていた。大都市工業集積地の代表的な地域である墨田区において、新たな取り組みが重ねられているのであった。

【より深くとらえるための本】

関満博『地域経済と中小企業』ちくま新書、一九九五年

その他は、第229話と同じ。

第238話

岡山県岡山市

金型の範囲を拡げ、アジア展開を積極化
――国内はM&A、海外も進出「ゼノー・テック」

逆風突破の鍵
KEY to BREAKTHROUGH

日本は現状維持、海外で商売する

❶ かつて農業県とされていた岡山県。高度成長期の頃に巨大な水島工業地帯が形成され、その頃から、県内各地に興味深い機械金属関連の中堅・中小企業が集積していった。その中に、この空洞化、国内縮小の中で、果敢にM&A、海外進出に踏み込んでいる金型企業が存在している。

❷ 岡山市に拠点を置くゼノー・テック、二代目経営者だが、創業者の父と意見が合わず、社員三〇人を引き連れて事実上、独立した。その後、自動車関連部門の粉末冶金金型と冷間鍛造金型の領域で足場を固めていく。ただし、ユーザーの自動車関連部門の海外、特にアジア進出が激しくなり、市場を求めて中国、マレーシア、そして、インドネシアにも進出を重ねていった。

❸ この間、国内的には「将来的には市場は縮小する」としながらも、撤退する企業をM&Aで取得している。「金型の範囲を拡げる」「金型のデパート化を目指す」としていた。このように、国内の積極的なM&A、そして、海外進出を重ねるなど、迷走している日本の製造業、金型部門では異色の取組みを重ねている。それは、日本の製造業、金型産業の一つのあり方として注目される。

岡山県といえば、かつては農業県であったのだが、戦後の高度成長期以降は倉敷市の水島工業地帯に鉄鋼、化学、自動車産業が集積し、瀬戸内を代表する工業地帯を形成してきた。この間、中小・中堅規模の機械金属関連企業が興味深い発達をみせ、工作機械の世界的なメーカーである安田工業、大型船舶用プロペラの世界のトップメーカーの中島プロペラ、合成繊維用ノズルの世界的なメーカーである化繊ノズルなど、日本を代表する中堅どころのメーカーを集積させている。

そして、この時代、地域中小企業の経営者（創業者）の世代交代が進み始め、興味深い取組みが重ねられている。日本産業の空洞化が進む中で、岡山市に本社を置くゼノー・テック、粉末冶金型、精密冷間鍛造金型、精密治工具等の領域で積極的な取組みを重ねているものとして注目される。

父の会社から金型部門を分離させて独立

ゼノー・テックの前身のゼノー工具（当初、山陽精密工業）は、ゼノー・テック社長の岸本泰博氏（一九五〇年生まれ）の父岸本輝男氏（一九二五年生まれ、故人）が切削工具の生産を目指して一九六二年に創業している。その後、粉末冶金型、冷間鍛造金型などに展開していった。輝男氏の長男である泰博氏は父と意見が合わず、一九九一年、金型部門だけを継承し、会社を分離独立させることに成功する。当時のゼノー工具の従業員は約一〇〇人、その中の三〇人を引き連れて、従来の工場のままゼノー・テックを設立していった（岡山市豊浜町）。当初、三年ほどはたいへんな思いをしたよう

（左）ゼノー・テックの本社。ゼノー村を形成　（右）岸本泰博氏

だが、その後、事業が軌道に乗っていく。

ただし、この豊浜の地区は都市計画上の用途指定が「住居地域」であることから操業維持が難しく、二〇〇四年、工場部門を岡山市西大寺に移転している。ここが現在のゼノー・テックの主力工場となる。この西大寺工場は従業員約一三〇人、真空熱処理炉、高周波ロー付機、NC放電加工機一九台、NCワイヤー放電加工機一七台、マシニングセンター（MC）・NCフライス盤二四台を中心に三次元測定器五台、さらに、トライ用の八〇〇トンプレスも装備している。相当の重装備の粉末冶金、金型工場を展開していた。

工場が移転した後の豊浜の八〇〇坪とされる敷地には、現在は本社総務部門だけを残し、「ゼノー村」と称し、貸事務所（六ブース）、パン屋、喫茶店に貸し、かつての社員食堂を直営のうどん屋としていた。

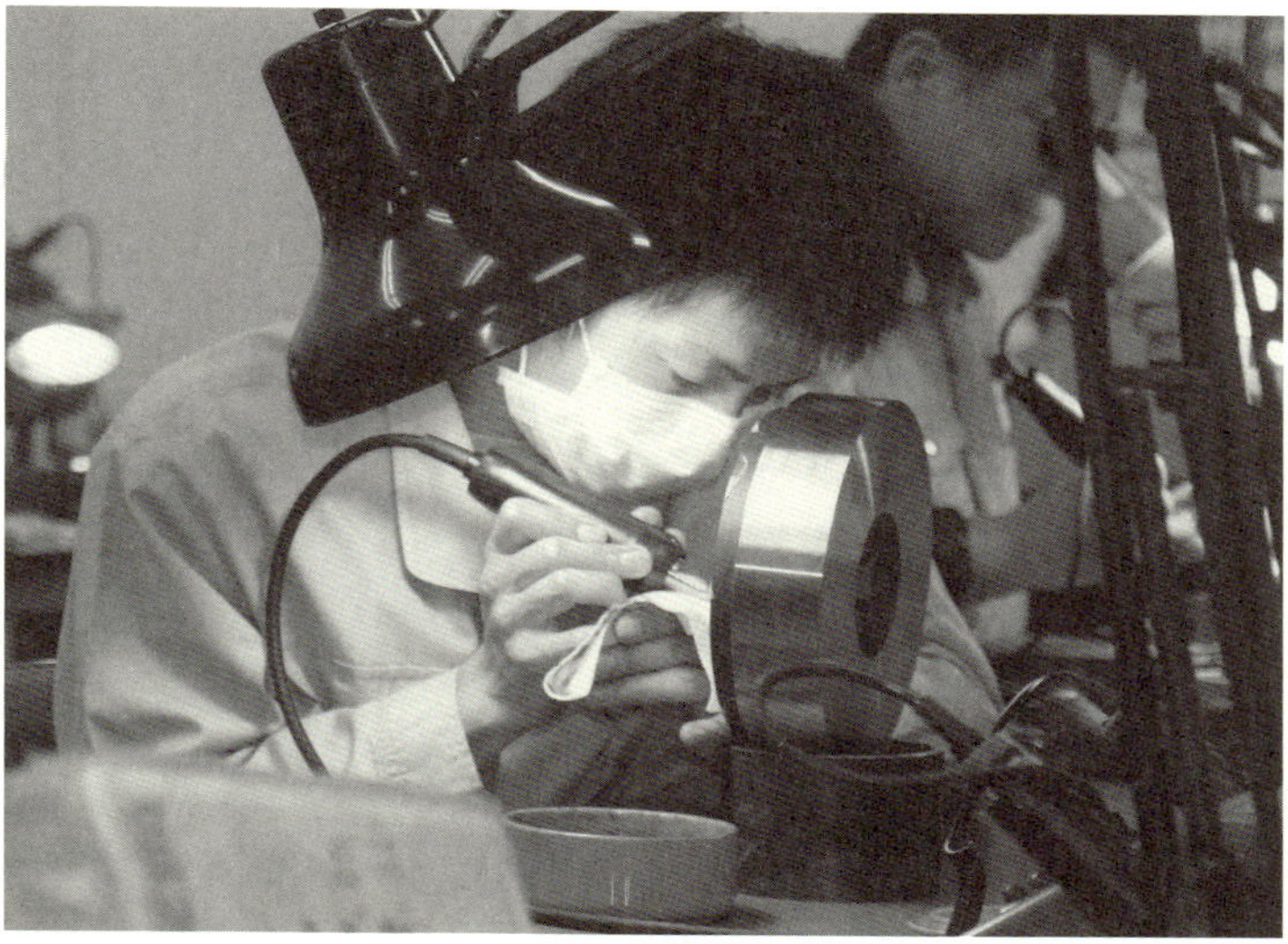
仕上げの研磨部門は丁寧な手作業

果敢にM&A、海外展開を重ねる

その後、金型事業を積極的に展開、二〇〇七年には大阪府三島郡にあった日立金属の工場をM&Aし、磁性粉末冶金金型、プラスチック成形用金型、治工具類を生産している。ここは山崎TECH㈱としている。従業員は五〇～六〇人であった。

さらに、二〇一二年には備北精工（高梁市）を吸収合併、二〇一五年には千葉県香取郡多古町の市川ダイス（従業員三五人）をM&Aセンターの紹介を受けてM&Aをしている。岸本氏は「金型の範囲を拡げたい。関東に拠点が欲しかった」と語っている。国内の工場は岡山の西大寺、高梁、大阪、そして千葉の四拠点となった。国内の金型産業が縮小している中で、ゼノー・テックはM&Aを重ね、事業基盤を拡げているのであった。なお、本体のゼノー工具は一〇年ほど前に弟に継承

冷間鍛造金型のトライ用の800トンプレス

させている。ゼノー工具の仕事は従来通り工具関係であり、従業員規模も以前と変わらない六〇人規模であった。

この間、海外展開も積極的であり、ユーザーの要請に応え、二〇〇二年には中国無錫に一〇〇％出資で進出、従業員規模は約八〇人で、粉末冶金金型、冷間鍛造金型、治工具類といった日本と同じものを生産している。進出している日系企業をターゲットにしている。なお、現在では現地化が相当に進み、日本人駐在は置いていない。

二〇〇三年には、進出しているユーザーの要請もあり、マレーシヤで企業を買収、ＺＥＮＯ　ＴＥＣＨ（ＭＡＬＡＳＩＡ）を設立している。

さらに、二〇一四年には、インドネシアで二社を立ち上げている、一つは、日系進出のアルミダイキャスト企業を引き継いだものであり、ＰＴ・ＺＥＮＯ　ＡＬＭＩ　ＩＮＤＯＮＥＳＩＡ（Tangerang）（従業員一〇〇人）と称する。もう一つは、工場を借りて本職の粉末冶金金型、治工具類の生産を目指すＰＴ・ＺＥＮＯ　ＴＥＣＨ　ＩＮＤＯＮＥＳＩＡ（Karawang）であり、当面、従業員一〇人ほどを雇用してスタートしている。

この結果、ゼノー・テックの海外展開は、中国無錫、マレーシア、インドネシア（二社）の計三国、四工場体制となった。国内の空洞化が進む現在、先の国内のＭ＆Ａに加え、意欲的な海外展開を示すなど、日本の中小の金型メーカーとしては異例の展開に踏み込んでいるものとして注目されよう。

国内は幅を拡げ、海外で稼ぐ

ゼノー・テック・グループは国内四カ所と関連のゼノー工具を合わせて従業員約三〇〇人、海外四カ所の従業員数は約二五〇人となる。主たるユーザーは住友電工焼結合金、住友電工、日立粉末冶金、三菱マテリアルなどであり、各ユーザーの国内外の工場に納入している。特に、近年、ユーザー各社の拠点がアジアに移っていることから、海外工場の必要性は高い。各ユーザーからは特に自動車関連部門にゼノー・テック製の金型で作られた部品が納入されていくことになる。インドネシアについては、最近、三菱自動車工業が拠点を形成することから、一気に進出を決めた。

「金型」をめぐる今後の動きについて、岸本氏は「国内はなくならないが減少する。そのために、新しい部門に挑戦して幅を拡げていく。M&Aなどを通じて金型のデパート化を目指す。むしろ、国内は現状維持程度であり、海外で増やしていく。日系の自動車関連部門はアジア全体に出ている。まだまだ拡がる。また、アジア以外でもヨーロッパ、アメリカにも注目している。現地と連絡を取り合い、コンタクトしながら、出かけている」と語っていた。

日本国内の空洞化により、日本の得意技とされた金型部門は縮小を重ねている。この十数年、新たな新規創業企業は見当たらない。このような状況の中で、事実上の創業者である岸本氏は、粉末冶金金型、冷間鍛造金型といった領域で足元を固め、国内的にはM&Aを通じて事業範囲を拡げ、他方、ユーザーの海外展開を視野に入れ、果敢にアジアに進出していた。迷走する日本の金型業界の中で、興味深い取組みを重ねているといってよい。無錫は現地化が相当に進んでおり、そのような経験をベースにしながら、ASEANの新たな可能性にも踏み込んでいるのであった。

【より深くとらえるための本】
関満博『二代目経営塾』日経BP社、二〇〇六年
その他は、第229話と同じ。

第239話

東京都青梅市

小ロットの部品加工に特化し、ベトナムの加工屋も組織する

——中間のまとめ屋として存在感を高める「吉本製作所」

逆風突破の鍵

KEY to BREAKTHROUGH

縮小時代を見通し、新たな生産体制を築く

❶ かつて織物産地であった東京郊外の青梅、織物工場跡が都心からの中小企業移転、さらに独立創業の受け皿となり、一九八〇年代後半から一気に機械金属工業集積を形成してきた。だが、市街地は新たな「住工混在問題」を引き起したため、郊外に工業団地を造成、そこが東京郊外の中小企業集積の場となってきた。

❷ その工業団地への進出一番目の企業が吉本製作所であり、東京郊外では珍しく先鋭的な大型工作機械群を装備し、治工具、部品加工、組立、専用機の製作などに従事してきた。だが、その後、日本の機械関連産業は縮小の兆しをみせ始めたことから、工場の集約を図り、また、機械も小ロット、短納期向けに切り換え、新たな体制をとるようになった。

❸ さらに、海外も視野に入れ、ベトナムへの関心を深めていた。ベトナムの場合、一九九〇年代に入ってから日本企業の進出が多く、それに刺激されて地元の若者の独立創業が活発化している。そのようなベトナムの新時代の若者と連携し、中間のまとめ屋的な機能を担い、新たな可能性に向かっているのであった。

青梅市郊外の三ツ原工業団地、元々は広大な農地であったのだが、一九七〇年代後半に区画整理され、その後、青梅市街地の住工混在問題解消のための工業団地に転用されていった。さらに、二〇〇〇年代の後半には圏央道のインターチェンジがすぐ横に付き、現在では抜群の立地条件となり、物流系の企業の進出も盛んにみられる。進出企業はほぼ一〇〇社を数えている。その三ツ原工業団地の初期からの進出企業として吉本製作所が立地している。

この吉本製作所、当方は八〇年代後半から付き合いがあるが、当時はマキノ製の大型マシニングセンター（MC）を装備し、分析機器メーカーの治工具などを生産していた。東京周辺では珍しい大物の精密加工に従事する機械加工企業として注目されていた。その吉本製作所も二代目に切り替わっていた。

大物機械加工に特色を示す

吉本製作所の創業者の吉本功氏（一九三八年生まれ）は宮崎県都城市出身、都城工業高校卒業後、大阪のダイハツの関連企業に勤め、設計に従事していた。その後、東京のレーシング関係の企業に移るが、そこが倒産し、夫人の実家のある青梅市千ケ瀬で一九七二年にボール盤、卓上旋盤を入れて独立創業している。ガスバーナーなどの部品を製作していた。夫人を含めて従業者三人のスタートであった。一九七七年には法人化し、一九七八年にはその後しばらくの主力となる日本分光工業（八王

（左）三ツ原工業団地の吉本製作所第二工場 （右）吉本誠氏

子）の分析機器の治工具、部品、さらに東伸パーツ（八王子）の捲線部品、省力化機器の部品加工に入っていった。

一九八〇年には、当時開発され始めていた青梅市郊外の三ツ原工業団地に移転する。団地進出第二号企業であった。スペースを得たことから、加工から組立までの一貫体制をしいていった。一九八六年には三ツ原工業団地内に第二工場を設置している。この第二工場はＦＭＣによる二四時間体制が可能な当時の最新鋭工場であった。パレット一〇枚の付いたマキノの大型ＭＣが並んでいた。

二代目社長の吉本誠氏（一九七〇年生まれ）は、都内の私立大学の文学部を卒業後は、会計ソフト会社でカスタマーアドバイザリー（ＣＡ）に就いていたのだが、一九九八年に家業に戻ってきた。その当時の吉本製作所は、特定企業への依存度合いが高く、また、売上額、従業員数（約四〇人）共に減少傾向にあった。

戻った吉本氏は、翌年（一九九九年）からＩＳＯの取得に踏み出し、一九九九年末にはＩＳＯ１４００１の認証の取得、二〇〇

（左）大型のマキノのMC　（右）松浦機械の五軸MCが３台

二年にはＩＳＯ９００１の認証を取得している。この間、後継者を得て、先代の吉本功氏は製品開発研究に踏み出し、「多筒式ドライ真空ポンプ」「液送プランジャーポンプ」等を開発している。

幾つかの課題に挑戦、成果を上げる

二〇〇五年に社長に就任した吉本誠氏にとって、当面する最大の課題の一つは、多種少量化が進む中で、効率的な生産体制をどのように構築していくかにあり、従来からの二工場体制の見直し、合わせて、それまでの三軸の加工機械の見直しを進めていく。二〇〇七年には、機械の重複の目立った二工場体制を一工場（第二工場）に集約していく。さらに、第一工場はリーマンショック直前に高値で売却できた。そして、二〇一〇年には、大型の三軸加工機械（ＭＣ）が多かった体制から、大型機械を撤去し、松浦機械の五軸ＭＣを三台導入していった。これにより、段取時間が大幅に削減された。

吉本氏にとってのもう一つの課題は、リーマンショック後のあたりから、ユーザーの発注形態に大きな変化がみられることであった。ユーザーが

個々の加工業者に発注するのではなく、まとめる能力のある中小企業に一括発注することが顕著になっていく。このような動きに対して、吉本氏はベトナムに着目、現場の調査を重ねながら、ベトナムの機械加工企業の第二世代に注目していく。

ベトナムの工業化が開始されるのは一九九〇年代に入ってから。当初は日系の有力企業が進出していったが、現地の機械工業は簡易な農業用トラクター生産程度であり、技術レベル、保有する機械設備にも問題が多かった。だが、キヤノン、マブチモーターなどがベトナムの若手を採用、技術レベルも一気に上がり、独立創業者も増えている。このような第二世代というべき人びとを丁寧に回り、信頼関係を形成しながら、新たなネットワークを作り上げてきた。数年前から、少しずつ発注を増やし、二〇一四年一月にはホーチミンに連絡事務所を設置、日本人駐在を一人置いていた。今後、工場進出も視野に入っているが、当面は加工の委託を続けていく構えであった。価格は輸送費も含めて日本の半額程度とされていた。ベトナムから送られてきた部品をみたが、意外な出来ばえであった。

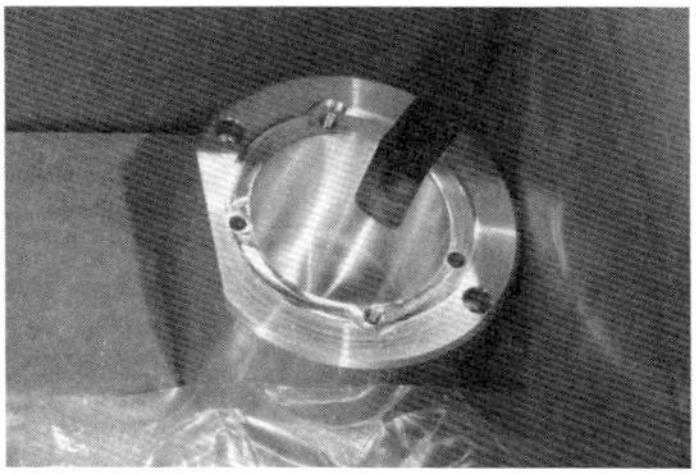
ベトナムから届いた加工部品

内面の充実に向かう

現在の吉本製作所の得意先は少し前とは大きく異なってきた。かつての主力であった日本分光工業の比重はわずかなものになり、近年は三次元測定器の東京精密（八王子）、電子顕微鏡の日本電子（昭島）、液晶の熱処理炉のワイエイシーデンコー（青梅）、カジノ用トランプカードのエイシーピー（埼玉）などである。それらは各一〇％程度の比重であり、全体的には一時間圏内の四〇～五〇社と取り引きしていた。

なお、現在、主力の一つになってきた東京精密との取引関係形成のキッカケが興味深い。ある時、近くのサカザキマシナリー（彫刻機メーカー）を訪ねてきた人が、吉本製作所の工場に迷い込んできた。丁寧にサカザキマシナリーに案内すると、数日後に改めて吉本製作所を訪ねてきて新たな取引関係が形成された。それが東京精密であった。おそらく、東京精密の人は、吉本製作所の工場をみて、機械設備の充実ぶりに驚いたのではないかと思う。機械工業の新たな集積地となってきた青梅周辺には、吉本製作所のような興味深い中小企業が潜んでいるのである。

現在は第二工場一カ所に集約し、従業員数も二五人（男性一九人、女性六人）となっていた。平均年齢三〇歳ほどと若い人が多く、活気のある職場を形成してきた。かつての拡大経済の時代ではなく、集約化し、効率的な仕事を形成していた。また、海外関係も活発化するなど、若い人びとに「希望」を与えていた。売上額もリーマンショック後は半分以下に下がったが、ここにきて回復していた。日本の中小機械工業を取り巻く状況は近年、大きく変ってきた。拡大ではなく内面の充実が求められている。そのような一つのあり方として、吉本製作所が注目される。

【より深くとらえるための本】
関満博『現代ハイテク地域産業論』新評論、一九九三年
関満博・池部亮編『増補新版 ベトナム／市場経済化と日本企業』新評論、二〇一二年
関満博監修『たまの力』けやき出版、二〇一三年
その他は、第229話と同じ。

第240話

東京都八王子市

電子組立から装置物に劇的転換
——三七歳でヘッドハンティングされ、いきなり社長に「アトム精密」

逆風突破の鍵
KEY to BREAKTHROUGH

空洞化の次のステージに向かう

❶「電子立国・日本」とされたのは一九八〇年代まで。ウォークマン、電卓、ワープロ、ノートPCなどの魅力的な製品を世界に送り出してきたのだが、一九九〇年代に入り、低賃金を求めて一気にアジア、中国に移管され、関連する中小企業は大きな困難に直面していく。海外に進出するか、国内で何かに変わりうるかが問われていった。

❷東京郊外の八王子のあたりは、かつての繊維産業の跡地が「電子組立」に変わり、七〇年代から八〇年代にかけては、電子組立の中小企業が一気に集積した。だが、九〇年代中頃以降、大きな構造転換の時期を迎える。そのような中で、かつて、カーオーディオにより一〇〇〇人の従業員を抱えていた企業が困難に直面する。

❸先代の社長に見込まれた熊本の若者が三七歳で副社長として入社し、リストラを重ねながら、電子組立から専用工作機械、自動機等の装置物に大転換し、見事に立ち直っていった。それは、日本産業が空洞化に苦慮している中での劇的な転換であり、次に続く中小企業に大きな「希望」を与えているのである。

「電子立国」とされ、一九七〇年代の頃から、日本は電子技術をベースにソニーのウォークマン、カシオ、シャープの電卓、東芝が切り拓いたワープロ、ノートPCなど、日本は世界に対して魅力的な製品を供給し続けてきた。だが、一九八〇年代に入ると、人件費水準の低かった韓国、台湾、香港等の東アジアの諸国地域に次第に移管され、さらに、一九九〇年代に入ると、改革・開放に踏み出した中国に怒濤のごとく移管されていった。

このような事情に対し、それを担っていた全国の中小企業は一気に仕事を失い、アジア、中国に進出するか、あるいは国内にとどまり縮小に身を委ねるかが問われていくことになる。そして、多くの中小企業は姿を消していった。

そのような中で、東京の八王子市でカーオーディオ生産で一時代を築いた中小企業が大きな困難に陥っていく。このカーオーディオ部門は日本の電子産業のアジア展開の早い時期からの焦点とされていたのであった。その後、ケータイ電話のモックアップ（展示見本）などに展開していたが、これも次第にアジア、中国移管が進み始めていた。

携帯電話のモックアップ

その頃、創業社長は熊本の一人の若者に着目、熱心に口説き落として後継を任せ、そして直ぐに亡くなっていく。残された若者は規模を縮小し、電子組立から専用工作機械などの「装置物」に一気に転換、全く新しい会社として蘇らせていったのであった。

カーオーディオで劇的に発展するも、九〇年代中頃以降、一気に下落

アトム精密の創業は一九八二年、創業社長は洞口勝利氏（一九四五年生まれ、二〇〇七年逝去）であった。洞口氏の父は零戦部品の旋盤加工などに従事し、戦後直ぐに東京都杉並区阿佐ヶ谷で南信精機を設立している。この南信精機はその後、八王子に移転し、現在では八王子市叶町で従業員二〇人ほどの金属切削加工を行っている。この南信精機は現在では勝利氏の兄が継承している。

五人兄弟の三男であった勝利氏は東海大学を卒業後、プラント関係の仕事に就いていたのだが、父の南信精機の業績が悪化し、再建のために呼び戻された。勝利氏は営業を担当し、業績も回復したのだが、上の兄二人が会社にいることから、物足りなくなり、一九八二年にアトム精密を設立、パナソニック関係の治工具の仕事をブローカー的に受けていった。その後、パナソニックからはカーオーディオの組立の仕事が来るようになり、従業員六人を集め、六畳一間のアパートで組立を開始している。その頃は時代の風が吹き、仕事は爆発的に増え、八王子だけで一〇〇〇人規模の企業となっていった。この間、近間の空工場を借りまくって対応していた。さらに、一九九六年には八王子の有力企業二社と共同でマレーシアにも進出していった。

ただし、この間、国内のカーオーディオの仕事は一気に減少し、年に二〇〇億円ほどあった売上は

（左）八王子市弐分方のアトム精密の本社
（右）一瀬康剛氏

一〇億円に低下していく。その頃から、ケータイ電話のモックアップに踏み込んでいる。このモックアップ、一機種で一五万台ほどあり、毎月数十機種が登場しており、これだけで売上額は年四～五億円ほどに達していた。ただし、全体的な低下傾向は否めず、縮小を重ねながら、二〇〇〇年にはマレーシア工場を手放し、さらに、国内では一部に装置物を手掛け始めていたのであった。

熊本の企業の東京進出で八王子に滞在

一瀬康剛氏（一九六九年生まれ）は、北海道千歳市生まれだが、父が自衛官であったことから転勤が多く、一九七五年には熊本に転居している。その後、地元の熊本工業大学（現崇城大学）工学部機械工学科を卒業する。就職は学生時代にアルバイトをしていた装置物などを手掛ける地元中小企業のケイエムケイであった。一九九九年になると、ケイエムケイが東京に進出することになり、営業課長であった一瀬氏が単身で赴任していった。場所は緑の多い八王子に決めた。東京で受注し、一部は東京で生産し、一部は熊本に委託するという形をイメージしていた。

見知らぬ土地の八王子に赴任するにあたり、ケイエムケイの社長は、大学のクラスメートであった洞口氏を紹介してきた。洞口氏と一瀬氏は意気投合し、よく飲みに歩くようになった。ケイエムケイの八王子事業所は当初、市内の横川にあったのだが、洞口氏は南信精機の八日町の工場の一部を提供してくれた。東京事業所は従業員六人ほどで、一瀬氏が営業し、設計開発、組立にあたった。部品加工は一緒の建屋にいた南信精機が引き受けてくれていた。事業規模は年商四億円ほどになっていった。

ところが、二〇〇三年頃になると、ケイエムケイの業績が悪化し、東京の事業所を閉めることになった。洞口氏には「アトム精密に残れ」と誘われたのだが、一瀬氏は断って熊本に戻っていく。さらに、一瀬氏はその一カ月後には辞表を提出し、二カ月後にはケイエムケイのユーザーであったジャパンユニックス（本社東京）の熊本工場に転職している。一瀬氏はそのジャパンユニックスに三年間在籍していく。

副社長赴任後、二週間で先代が亡くなる

その三年間、八王子の洞口氏は月に一度のペースで熊本を訪れている。一瀬氏は洞口氏に毎回誘われて夕方から飲んでいた。洞口氏はその目的だけで熊本を訪れていた。「東京に来る気はないか」と誘われ続けた。一年が経った頃からは、洞口氏は「自分は病気だ。営業職で来て欲しい」というのであった。当時、アトム精密は装置物に入っており、経験の深い一瀬氏に着目していたようであった。当初は「営業部長」から始まり、次第に「専務」「副社長」と誘いのレベルは上がっていった。「とにかく来てほしい」というのであった。

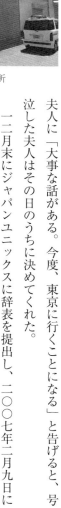

そして、二〇〇六年一〇月末、「黄疸がひどく、足も辛い。これが最後、もう来れない」と洞口氏は語った。「ビールが来たら、東京に来てくれるなら、グラスをカチンと合わせてくれ」とだけいわれた。その言葉に圧倒され、グラスをカチンと合わせてしまった。洞口氏は「これで安心した」といい、早い時間にホテルに戻っていった。

アトム精密の元八王子事業所

当時、一瀬氏はアトム精密の内部事情、経営状態などはほとんど知らずにいた。早めに帰宅して、夫人に「大事な話がある。今度、東京に行くことになる」と告げると、号泣した夫人はその日のうちに決めてくれた。

一二月末にジャパンユニックスに辞表を提出し、二〇〇七年二月九日に退職している。翌二月一〇日に東京に着き、早速、洞口氏の見舞いに病院を訪れている。翌一一日には「代表取締役副社長」としてアトム精密に初出社している。当時のアトム精密の正社員は一八〇人、その他に派遣社員約四〇〇人が在籍していた。三七歳の一瀬氏は朝礼で「私が来ても何も変わりません。過度な期待をしないでください。コツコツ変えていきたいと

組立中の装置群

考えています」と語っている。従業員はキョトンとしていた。

翌日から役員会を開き、会社の諸事情をみていくと、売上額よりも仕入額の方が大きかった。その最中の二月二七日に洞口氏は亡くなる。一瀬氏が赴任してほぼ二週間後であった。社葬では赴任早々の一瀬氏が葬儀委員長を務めた。

四〇〇～五〇〇人から三〇人まで減らす

三月中旬に入り、改革に入っていく。大きく三つのテーマを手掛けた。

第一は、一三人もいた役員のリストラに入っていった。一人ずつ何回か面談し、会社の事情を話し、この先「私と一緒にやれますか」と問いかけながら、六人に減らした。

第二は、親族の相続の問題もあった。その仲裁にも入った。

第三は、従業員のリストラであった。当時、売上額は一三億円、そのうちケータイ電話のモックアップは五億円であったが、国内には残らないと判断し、撤退することを決める。三〇〇~四〇〇人はいた派遣社員は全て辞めてもらい、正社員も約二〇〇人から一五〇人に削減した。さらに、その年の夏にはリーマンショックが発生、五〇人を削減し、一〇〇人にした。それでも足らず、二〇〇九年春には五〇人、夏にはさらに二〇人を削減し、三〇人となった。従業員四〇〇~五〇〇人の企業が二年ほどで三〇人になったのであった。なお、一瀬氏は赴任半年後の二〇〇七年七月に代表取締役社長に就いている。

この段階で、「これ以上減らすと、借金（約九億円）が返せない。これ以上のリストラはしない」と宣言した。その後、仕事を一件、一件厳しく見直し、また、メインバンクを協力的であった地元の信金の多摩信用金庫に変えている。さらに、幾つかの工場も売却したが、借金の残りはあまり変わらなかった。

なお、大きな改革を進めていくにあたり、親族が保有している株式をどうするかの問題が残った。一瀬氏は「株を私に無償譲渡するか、あるいは借金を背負うかのどちらかにして欲しい」と交渉し、背負うべき借金額を提示すると、株主は株をよこしてくれた。この過程を通じて、株式の七〇％は一瀬氏の所有となった。なお、会社に残っている洞口氏の子息には二五％を渡し、登記上は代表権を与えている。借金の実質的な保証は一瀬氏が背負っているのである。

装置物メーカーへの劇的な転換

このプロセスに三年ほどがかかり、二〇〇九年の後半の頃には、ようやく軌道に乗り、社内のルールも出来上がってきた。二〇一〇年には利益が出るようになり、その後、五期連続で黒字決算を続けている。借金も五億円ほどに減少してきたのである。

この間、工場は二〇〇八年に元八王子事業所（自前）の竣工、二〇一〇年には八王子市弐分方町に本社工場（借工場）を移転させている。さらに、九州、アジア対応として、熊本県荒尾市に二〇一四年に九州工場（従業員三人、組立）を設立している。現在の全体の従業員数は四七人となっている。

現在の事業内容は、半導体、液晶関連等の装置、産業用機器の製造、電子機器・測定器の製造、各種装置の開発設計などであり、「搬送、検査、洗浄」を得意としている。主力のユーザーは、横浜のレーザーテック（三〇％）、東芝府中（一〇％）、板橋のヒューグルエレクトロニクス（本社東京、工場板橋、一〇％）、岩下エンジニアリング（本社東京、工場北九州市、一〇％）であり、全体で六〇～七〇社となっている。

苦節一〇年、カーオーディオ、ケータイ電話のモックアップといった量産の電子組立に終始してきたアトム精密は、元社長の洞口勝利氏の目にかなった一瀬氏を社長に据え、大幅なリストラを行い、そして、装置物への転換をなし遂げることに成功したのであった。「電子立国」の時代を謳歌した電子組立の中小企業の多くは、一九九〇年代から始まる、アジア、中国への移管、国内の空洞化により消え去ったが、アトム精密は四〇〇人から三〇人にまで縮小し、電子組立とは異質な専用工作機械、自動機等の装置物の開発、設計企業として新たな歩みに踏み込んでいる。

特に、東京郊外の八王子には機械金属工業の要素技術を身につけた中小企業が集積しており、それらを背景に開発、設計企業として幅の広いネットワークを作り上げながら、新たな世界に向かおうとしている。それは、電子立国以降の日本産業の一つのあり方としてまことに興味深い。多くのリストラを出したものの、第三者の若者が再建に取組み、興味深い成果を上げてきたのであった。

【より深くとらえるための本】

第229話と同じ。

結——戦略的な「地域経営」が課題

二〇一四年末に衆議院総選挙があり、第三次安倍内閣がスタートした。安倍内閣の一つの重要な政策が「地方創生」ということであり、地方創生担当の石破大臣も継続され、二〇一五年以降、多様な政策が推進されていくことになった。基礎自治体にとって自由度の高い交付金が設置され、話題の「地域おこし協力隊」も従来の一〇〇〇人から四〇〇〇人に増員することも報道されている。このような対応が地方に有益に働くことを期待したい。振り返ると、従来も何度か言葉を変えながらも、「地方創生」が叫ばれ、「ふるさと創生資金（竹下内閣）」などがばらまかれたこともあった。だが、その場限りで終わり、さほどの成果があったようにはみえない。

それは、これまでの国 - 都道府県 - 市町村という階層構造の中で、市町村に独自の産業政策（構想と実行）が育っていないからにほかならない。これまで、市町村は自分の地域の経済・産業構造の特質と課題を受け止め、戦略的に「政策」を実行したことがない。市町村役場に「産業課」「商工課」等の看板がかかっていても、「政策」を実行しているわけではない。国 - 都道府県から降りてくる事業（補助金等）を処理していく「対策」に終始してきた。三年ローテーションで異動する職員は、在籍中に補助金を二つも「当て」れば、よくやったと褒められ、異動した後には箱モノ以外は何も残らず、継続的に事業が推進されていくというわけではない。地域の独自的で戦略的な取り組みの持続性、継続性とは関わりのない世界が、明治時代以降の中央集権政治の中で形成されてきたのであろう。

この点、戦後しばらくの頃までは、地方には「長《おさ》」というべき地域に責任を持った人びとがいて、地元の青少年や女性たちに就業の場を提供するために「事業」を起こすなどが広く行われていた。本書第212話のホリカフーズの起業の事情が、そうしたものの典型であろう。また、第7集第202話の協栄金属工業などは、比較的最近のケースとして注目される。そして、それらの多くは江戸時代から続く名家の当主、僧侶、校長、警察署長、郵便局長などの地方の有力者が中心になり、コトを進めていった。このようなケースは各地に広くみられたのだが、現在では地域に責任を持つ「長」というべき人びとがいなくなっている。現在は「長」のいない時代ということかもしれない。

むしろ、現在期待される「長」は、市町村、商工会議所・商工会、信金・信組等の経済団体の若手、中小企業の若手経営者、後継者たちということであろう。彼らは地域で暮らし、地域をリードするものとして地域の産業化の担い手になっていくことが期待される。企業誘致や新規事業の創出、在来事業の革新などの「地域経営」の推進が求められる。そのような意味では、三年程度で職員の異動が行われ、誰も責任も継続性も保有しない現在の市町村の人事異動のあり方を変えていく必要がある。意欲的な若手職員が地域の事業者と深い信頼関係を形成し、地域の経済・産業構造の諸課題を鮮明にし、戦略的かつ継続的に事業を推進していくことが不可欠であろう。現在、成果を上げている幾つかの市町村にはそのような人材が存在し、かつ継続的に取り組んでいるのである。

「地方消滅」「地方創生」が話題の焦点だが、それは地方では四半世紀以上も前から深く認識されていた。「地方消滅」などのマスコミ受けする言い方が、地域に波紋を拡げているが、地域に魅力的な「働く場」がなければ若者は流出する。東日本大震災の被災地では、地域に残る年配者たちは「若者のいない『まち』は終わる」と語る。

人手不足で喘いでいる津波被災地釜石のある水産加工企業で、二〇一四年一〇月という就職戦線が終わりかけている時期に、新卒の内定者が五人決まった。三陸の人手不足を解消するために、一〇月、リクルートが東京で水産加工企業を集め大学四年生との就職相談会を開催した。先の内定者五人は他の企業の内定を取り消して応じてきた。四人が女性であり、出身大学は北大水産学部等の国公立大学が多かった。この水産加工企業は被災を契機に大きく経営革新に踏み出し、すでに一定の成果を上げているが、学生たちに対して「マーケティング、海外展開、生産管理、将来の夢」等を具体的に語ったのが効いたとしていた。内定者は全員、被災後、三陸にボランティアで来ていた人材であった。

若者たちが地方に残らない、あるいは向かわないわけではない。「夢と希望」を実感できる魅力的な職業、職場、環境が求められているのである。地域の側がそれにどのように応えられるかが問われているのである。

本書の刊行については、実に多くの人びとのお世話になっている。各話に登場していただいている人びとはいうまでもない。「現場」での視察と面談からは、多くの「勇気」をいただいた。ここで深く感謝を申し上げておきたい。ここまで８集、２４０話まできたが、これから先も力の限り各地の「現場」を訪れて、地域の片隅で繰り広げられている地域産業、中小企業の取組みの「同時代の証言」を語り続けていけることを願っている。大きな時代変革期にある各地の「地域産業」は、私たちの「未来」を映し出しているのである。

また、刊行にあたっては、第一次の活字化の機会をいただいている『月刊「商工会」』編集の山下晃氏、そして、本書の編集の労をとっていただいている新評論の山田洋氏、吉住亜矢さんに深く感謝を申し上げたい。まことにありがとうございました。

二〇一五年七月

関　満博

初出等一覧

I 「食」産業の新たな展開

第211話 栃木県那須町（『月刊「商工会」』二〇一四年七月）
第212話 新潟県魚沼市（旧堀之内町）（書き下ろし）
第213話 富山県砺波市（書き下ろし）
第214話 富山県小矢部市（書き下ろし）
第215話 秋田県大仙市（旧刈和野町）（書き下ろし）
第216話 鹿児島県長島町（旧東町）
（『月刊「商工会」』二〇一四年一〇月）
第217話 秋田県八峰町（旧八森町）
（『月刊「商工会」』二〇一四年九月）
第218話 滋賀県近江八幡市（『月刊「商工会」』二〇一五年一月）
第219話 山形県山形市（書き下ろし）

II 中山間地域の新たな取り組み

第220話 栃木県益子町（書き下ろし）
第221話 島根県吉賀町（旧六日市町）
（『月刊「商工会」』二〇一四年八月）
第222話 秋田県三種町（旧山本町）（書き下ろし）
第223話 大分県佐伯市（書き下ろし）
第224話 北海道北見市（書き下ろし）
第225話 山形県寒河江市（書き下ろし）
第226話 岩手県北上市（旧江釣子村）（書き下ろし）
第227話 大分県佐伯市（旧宇目町）（書き下ろし）
第228話 北海道北見市（旧端野町）
（『月刊「商工会」』二〇一五年三月）

III モノづくり中小企業の向かうところ

第229話 秋田県能代市（書き下ろし）
第230話 滋賀県草津市（書き下ろし）
第231話 秋田県美郷町（書き下ろし）
第232話 北海道石狩市（書き下ろし）
第233話 茨城県ひたちなか市（書き下ろし）
第234話 大分県佐伯市（書き下ろし）
第235話 新潟県魚沼市（旧広神村）（書き下ろし）
第236話 大分県佐伯市（書き下ろし）
第237話 東京都墨田区（『月刊「商工会」』二〇一五年八月）
第238話 岡山県岡山市（書き下ろし）
第239話 東京都青梅市（書き下ろし）
第240話 東京都八王子市（書き下ろし）

ハ行

マ行

ヤ行

サ行

タ行

ナ行

地名索引（第1～8集）

＊ 数字は話数。1～30話：第1集，31～60話：第2集，61～90話：第3集，91～120話：第4集，121～150話：第5集，151～180話：第6集，181～210話：第7集。211～240話：第8集。

ア行

カ行

著者紹介

関《せき》　満博《みつひろ》

1948年　富山県小矢部市生まれ
1976年　成城大学大学院経済学研究科博士課程単位取得
現　在　明星大学経済学部教授　一橋大学名誉教授　博士（経済学）
著　書　『「農」と「食」のフロンティア』（学芸出版社、2011年）
『「交流の時」を迎える中越国境地域』（共編著、新評論、2011年）
『地域を豊かにする働き方』（ちくまプリマー新書、2012年）
『沖縄地域産業の未来』（編著、新評論、2012年）
『鹿児島地域産業の未来』（新評論、2013年）
『6次産業化と中山間地域』（編著、新評論、2014年）
『東日本大震災と地域産業復興　Ⅰ～Ⅳ』（新評論、2011～14年）
『震災復興と地域産業　1～6』（編著、新評論、2012～15年）他

受　賞　1984年　第9回中小企業研究奨励賞特賞
1994年　第34回エコノミスト賞
1997年　第19回サントリー学芸賞
1998年　第14回大平正芳記念賞特別賞

地域産業の「現場」を行く
〔誇りと希望と勇気の30話〕
第８集　「地方消滅」を超えて

2015年８月１日　　初版第１刷発行

著　者　関　満博
発行者　武市一幸
発行所　株式会社　新評論

〒169-0051　東京都新宿区西早稲田3-16-28
http://www.shinhyoron.co.jp
電話　03（3202）7391
FAX　03（3202）5832
振替　00160-1-113487

落丁・乱丁本はお取り替えします
定価はカバーに表示してあります

装　訂　山田英春
印　刷　神谷印刷
製　本　中永製本所

ISBN978-4-7948-1012-0
Printed in Japan